自嘲

柳白

编著

光明日报出版社

图书在版编目（CIP）数据

自嘲 / 柳白编著 . -- 北京：光明日报出版社，

2024. 7. -- ISBN 978-7-5194-8036-3

Ⅰ . H033

中国国家版本馆 CIP 数据核字第 2024JT0660 号

自嘲
ZI CHAO

编　　著：柳　白

责任编辑：孙　展　　　　　　　　责任校对：徐　蔚

封面设计：李果果　　　　　　　　责任印制：曹　净

封面插画：熊陈佳　　　　　　　　内文插画：鹅小鹅

出版发行：光明日报出版社

地　　址：北京市西城区永安路 106 号，100050

电　　话：010-63169890（咨询），010-63131930（邮购）

传　　真：010-63131930

网　　址：http://book.gmw.cn

E – mail：gmrbcbs@gmw.cn

法律顾问：北京市兰台律师事务所龚柳方律师

印　　刷：天津鑫旭阳印刷有限公司

装　　订：天津鑫旭阳印刷有限公司

本书如有破损、缺页、装订错误，请与本社联系调换，电话：010-63131930

开　　本：160mm×230mm　　　　　　印　　张：12.5

字　　数：90 千字

版　　次：2024 年 7 月第 1 版

印　　次：2024 年 7 月第 1 次印刷

书　　号：ISBN 978-7-5194-8036-3

定　　价：58.00 元

目 录

普通啊，当然普通，谁不普通

自我

▲ 虚假自拍高端玩家已上线。

▲ 我不是真的胖，只是女娲捏我的时候，
放多了泥而已。

▲ 不要叫我穷人，请叫我价格敏感型消费者。

▲ 累坏了小丑，笑倒了观众。

▲ 别人微微一笑，倾国倾城；
我微微一笑，下巴两层。

▲ 有情绪的时候先问问自己，
是不是又在强求不属于自己的东西了。

▲ 谁能告诉我，要吃多少包辣条，
才能成为辣妹。

▲ 那时候很笨，总以为掉眼泪就会被爱。

▲ 不是很瘦，也不是很漂亮，
就是有点自信。

▲ 岁月带走缥缈的梦想，留下实在的脂肪。

▲ 优越感有链接吗?
  给一下，最近挺自卑的。

▲ 不要在蠢人面前自嘲，他会当真。

在发光和发热中选择发烧

▲ 在我跟人类的接触中，
我发现凡是别人具备的品质，没有一项我不具备，
至于别人和我之间的差别，那只是程度的变化，
防止了单调，如此而已。
　　——马克·吐温

▲ 若一个人无法甘于平凡，就会试图让自己变得特别。
不是变得特别好，就是变得特别差。
一切取决于你自己。
　　——阿德勒

▲ 如果你实在没有办法从别人那里得到一句赞美，
那就自己送自己一句吧。
　　——马克·吐温

▲ 我愿意成为一个快乐的疯子：
生气勃勃，总是心情不错，
没有任何烦恼和执着，毫无意义地从早笑到晚。
虽然我渴望光明的狂喜，但我不会这样要求，
因为我知道狂喜之后便是严重的抑郁。
　　——E. M. 齐奥朗《在绝望之巅》

自
我

▲ 在这样的年龄，生活还没有撞疼我们，
责任感和悔恨也还都不敢损伤我们，
那时我们还敢于看，敢于听，敢于笑，
敢于惊讶，也敢于做梦。
————托马斯·曼《布登勃洛克一家》

▲ 我是虚无。
从不会成为任何事物。
也不愿成为任何事物。
除此之外，我心里拥有这个世界所有的梦。
————佩索阿《烟草店》

▲ 我既没有愁苦到足以成为诗人，
又没有冷漠到像个哲学家。
但我清醒到足以成为一个废人。
————E. M. 齐奥朗《眼泪与圣徒》

▲ 我知道在有生之年无法找到任何理由替自己辩解，
因为我便是我自己的障碍。
————维斯拉瓦·辛波斯卡《在一颗小星星下》

▲ 我既是游牧者，就成不了农夫；
既是觅宝者，就成不了护宝人。
————赫尔曼·黑塞《温泉疗养客》

▲ 我是一个没有精神病院的精神病人。

我有意识地疯，我冷静地疯，

我格格不入于一切，和所有相同：

我处于一个清醒的睡眠中，做着疯狂的梦。

——费尔南多·佩索阿《这古老的苦闷》

▲ 我事实上还是一个游手好闲、

挥霍时间、贪图安逸的家伙，

还有其他好多坏的嗜好，我都懒得说。

——赫尔曼·黑塞《纽伦堡之旅》

▲ 我太累了，

必须试着通过睡觉来休整一下，

否则在各方面都会完蛋。

保持自我是何其辛苦啊！

建立一座纪念碑也不需要花费那么大的力气。

——卡夫卡《卡夫卡日记：1912—1914》

▲ 我存在！在万千痛苦中我存在，

在精神上痛苦得我浑身抽搐，但我存在！

我坐在柱塔里苦修，但我存在，

我能看到太阳，即使看不到太阳，

那我也知道它是存在的。

而知道太阳是存在的，这已经是全部生命了。

——陀思妥耶夫斯基《卡拉马佐夫兄弟》

自我

▲ 我太过聪明，
以至于有时候连我本人都不明白自己在说些什么玩意儿。

——王尔德《了不起的火箭》

▲ 我知道自己的命运。
总有一天，
我的名字要同那些对非凡的事情的回忆连在一起，
——对那空前未有的危机的回忆连在一起，
对那最深刻的良心矛盾的回忆连在一起。
对那些做出与迄今为止一切被信仰的、被要求的、
被神圣化的东西进行斗争的决定的回忆连在一起。
我不是人，我是炸药。

——尼采《瞧，这个人》

▲ 我自己的时代也尚未到来，
有些人是死后才得以诞生的。

——尼采《瞧，这个人》

▲ 人要么永不做梦，要么梦得有趣；
人也必须学会清醒：
要么永不清醒，要么清醒得有趣。

——尼采《快乐的科学》

尼采为他的自传作品《瞧，这个人》中，

章节取的标题分别是：

"我为什么如此智慧"

"我为什么如此聪明"

"我为什么能写出如此好书"

......

▲ 我们来自同一个深渊，
　然而人人都在奔向自己的目的地，
　试图跃出深渊。
　我们可以彼此理解，
　然而能解读自己的人只有自己。
　　──赫尔曼·黑塞《德米安：彷徨少年时》

▲ 对于我真正感兴趣的事我也许没有绝对把握，
　但对于我不感兴趣的事我是有绝对把握的。
　　──阿尔贝·加缪《局外人》

▲ 我好像两手空空。
　但是我对自己有把握，
　对一切有把握。
　　──阿尔贝·加缪《局外人》

▲ 当一个人有了灵魂，
　他就会倾向于把失望称为清醒，
　把所有的不幸称为真实。
　　──阿尔贝·加缪《加缪情书集》

▲ 他说他一直在研究我的灵魂，
结果发现其中空虚无物。
他说我实际上没有灵魂，
没有丝毫人性，
没有任何一条在人类灵魂中占神圣地位的道德原则，
所有这些都与我格格不入。

——阿尔贝·加缪《局外人》

▲ 很多人说和自己握手言和，
我不要做这样的人，
我要拿石头打磨我这块石头。
会一直读书，一直痛苦，
一直爱着从痛苦荒芜里生出来的喜悦。
乘兴而来，尽兴而归，
在一生中这是很难得很难得的一件事。

——阿尔贝·加缪《置身于苦难与阳光之间》

▲ 世界越来越美了。
我独自一人，却很自在。
我别无所求，只想被阳光晒透。
我渴望成熟。
准备好死去，准备好重生。

——赫尔曼·黑塞《克林索尔的最后夏天》

▲ 好不容易发现了自己的平庸，却为时已晚，
这才是最残忍的事啊！
——毛姆《人性的枷锁》

▲ 每个人都身怀天赋，
但如果用会不会爬树的能力来评判一条鱼，
它会终其一生以为自己愚蠢。
——爱因斯坦

▲ "啊！我要是两个人就好了，"她想，
"一个说话另一个听，一个生活另一个看，
我多么知道爱自己！我谁都不羡慕。"
——西蒙娜·德·波伏娃《人都是要死的》

▲ 你以为，就因为我贫穷，低微，不美，矮小，
我就既没有灵魂，也没有心吗？——
你想错了！
我跟你一样有灵魂，——
也完全一样有一颗心！
要是上帝曾赋予我一点美貌、大量财富的话，
我也会让你难以离开我，
就像我现在难以离开你一样。
——夏洛蒂·勃朗特《简·爱》

一天，爱因斯坦在纽约的街上遇见了一位老朋友。

"爱因斯坦先生，"这位朋友说，

"你似乎有必要添置一件新大衣了。

瞧瞧，你身上这件多旧呀！"

"这有什么关系？反正我刚到纽约，谁也不认识我。"

爱因斯坦回答说。

几年后，他们又偶然相遇。

爱因斯坦已经成为一个闻名遐迩的大物理学家了，

但他还是穿着那件旧大衣。

他的朋友又不厌其烦地劝他去换件新大衣。

"何必呢！"他说，"反正这儿每个人都已经认识我了。"

▲ 他上辈子究竟造了什么孽，
才长了这么一张脸？
还厚颜无耻地顶着它，
大摇大摆地呼吸二十世纪的空气呢？！
——夏目漱石《我是猫》

▲ 我想要的东西不是全世界，不是百年名声。
我想要的只是一朵蒲公英花的信赖，
或一片莴苣叶的抚慰，
甚至不惜为此枉费了一生。
——太宰治《人间失格》

自
嘲

▲ 我生怕自己本非美玉，故而不敢加以刻苦琢磨，
却又半信自己是块美玉，故又不肯庸庸碌碌，
与瓦砾为伍。
——中岛敦《山月记》

▲ 普通人啊。
生在普通家庭，长在普通家庭，
一张普通的脸，普通的成绩，想普通的事情。
——村上春树《挪威的森林》

▲ 一直都是一个人，也就更擅长取悦自己。
——山本文绪《然后，我就一个人了》

自我

▲ 我是一个古怪的女孩，从小被目为天才，
除了发展我的天才外别无生存的目标。
然而，当童年的狂想逐渐褪色的时候，
我发现我除了天才的梦之外一无所有——
所有的只是天才的乖僻缺点。
——张爱玲《天才梦》

▲ 在现实的社会里，我等于一个废物。
——张爱玲《天才梦》

▲ 世上有用的人往往是俗人。
我愿意保留我的俗不可耐的名字，
向我自己作为一个警告，
设法除去一般知书识字的人咬文嚼字的积习，
从柴米油盐、肥皂、水与太阳之中去寻找实际的人生。
——张爱玲《必也正名乎》

▲ 我的修身原则：不工作；没人管；一个人。
——木心《文学回忆录：1989-1994》

▲ 我何必想这些屁事，这根本就不该是我的事。
——王小波《三十而立》

▲ 我希望我的"自我"永远"滋滋"地响，
  翻腾不休，就像火炭上的一滴糖。
  ——王小波《爱你就像爱生命》

▲ 你本来信佛，和尚伤了你的心。
  你本来信基督，教会伤了你的心。
  你本来什么也不信，自己伤了自己的心。
  ——王朔《和我们的女儿谈话》

▲ 让懂的人懂，让不懂的人不懂；
  让世界是世界，我甘心是我的茧。
  ——简媜《美丽的茧》

▲ 我所有的自负皆来自我的自卑，
  所有的英雄气概都来自于我的软弱。
  嘴里振振有词是因为心里满是怀疑，
  深情是因为痛恨自己无情。
  ——马良《坦白书》

▲ 我本来立志要成为一个嬉皮笑脸的角色，
  可这世界丑角儿太多了，演不过他们，
  下岗之后我只好改行当一个严肃的人，
  那种很严肃很严肃的人。
  ——马良《坦白书》

自我

▲ 我要在你平庸无奇的回忆里，
做一个闪闪发光的神经病。
——马良《坦白书》

▲ 运交华盖欲何求，未敢翻身已碰头。
破帽遮颜过闹市，漏船载酒泛中流。
横眉冷对千夫指，俯首甘为孺子牛。
躲进小楼成一统，管他冬夏与春秋。
——鲁迅《自嘲》

▲ 中学生，副教授。博不精，专不透。
名虽扬，实不够。高不成，低不就。
瘫趋左，派曾右。面微圆，皮欠厚。
妻已亡，并无后。丧犹新，病照旧。
六十六，非不寿。八宝山，渐相凑。
计平生，谥曰陋。身与名，一齐臭。
——启功《自嘲》

▲ 本是后山人，偶做前堂客。
醉舞经阁半卷书，坐井说天阔。
大志戏功名，海斗量福祸。
论到囊中羞涩时，怒指乾坤错。
——佚名《卜算子·自嘲》

▲ 自古圣贤尽贫贱，何况我辈孤且直！
　　——南北朝·鲍照《拟行路难·其六》

▲ 仰天大笑出门去，我辈岂是蓬蒿人。
　　——唐·李白《南陵别儿童入京》

▲ 回首长安佳丽地，三十年前，我是风流帅。
　　——宋·苏轼《蝶恋花·送潘大临》

▲ 我本将心向明月，奈何明月照沟渠。
　　——元·高明《琵琶记》

自嘲

▲ 我愧虽无李白才，料应月不嫌我丑。
　　——明·唐寅《把酒对月歌》

北宋有一位翰林学士，名叫石延年。

一天石延年骑马出去游玩，因为马夫不小心，

让马受惊了，石学士从马上摔了下来。

市人围观，场面非常尴尬。

大家认为他一定会勃然大怒。

自
我

不料，石延年却和缓地对马夫说：

"幸亏我是石学士，要是瓦学士，岂不被你摔碎了吗？"

这一番话引得围观者哄然大笑。

活着的花，有一万种开法

生活

▲ "特别能吃苦"这五个字，
　 我只做到了前四个字。

▲ 我已经实现财富自由，
　 想不买什么就不买什么。

▲ 平凡的女人才会哭，漂亮的女人都去购物。

▲ 三分忙，七分瞎忙，总算把生活凑满了十分。

▲ 如果在意体重，那就对不起食物了。

▲ 没有过不去的坎，只有过不完的坎。

▲ 深夜负能量到怀疑人生，
　 白天却能像个傻子般笑嘻嘻活着，
　 也许，这就是生活吧。

▲ 尝尽生活的苦后，
　 才发现西北风很甜。

▲ 除了睡觉时间不想睡觉，其他时间都想睡觉。

▲ 真正的成熟，是自己主动穿上秋裤。

▲ 天又亮了，完全不管我困不困，说亮就亮。

▲ 无所谓，遇到困难我会睡觉。

生活就是明知会凋零，还要使劲茂盛

▲ 今日一去不复返，

若不吃它、喝它、尝它、闻它，

就永不再有第二次机会了。

——赫尔曼·黑塞《克林索尔的最后夏天》

▲ 我过着一种不正确的生活。

我什么也不做，并且睡得很晚。

——哈尔姆斯《日记》

▲ 生活就像被困在肥皂泡里的屁。

——萨特

▲ 生活不能再给予我快乐，

除了这个：躺在床上。

而这种快乐转眼就会消逝不见，

因为我明白我得起床。

——戴维·洛奇《赖床的男人》

▲ 我考虑着，要过一种卑鄙无耻的生活，

这是我的理想。

——萨冈《你好，忧愁》

▲ 呼吸、睡觉、吃饭、消化，
所有这些最为简单的动物性行为对我们来说
永远是痛苦和劳累大于欢娱。
——赫尔曼·黑塞《纽伦堡之旅》

▲ 穷人的记忆本来就没有富人的记忆那么丰足，
没有那么多空间坐标，
只因穷人极少有机会离开生活的地方，
而且生活灰暗，一成不变。
——阿尔贝·加缪《第一个人》

▲ 要是成天想着今天，愁着明天，
生活还有什么意思呢？
就是事情糟到不能再糟的地步，
我想总还是有路可走的。
——毛姆《人性的枷锁》

▲ 日子，过起来当然就长，
但是拖拖拉拉，日复一日，年复一年，
最后就混淆成了一片。
每个日子都丧失了自己的名字。
——阿尔贝·加缪《局外人》

寡淡的生活中，那些爱，那些璀璨的光

自嘲

▲ 人们永远也无法改变生活，
什么样的生活都差不多，
而我在这里的生活并不使我厌烦。
——阿尔贝·加缪《局外人》

▲ 家庭有义务把厌恶情绪忍住，
要容忍，除了容忍别无其他选择。
——卡夫卡《变形记》

▲ 活着是这个世界上极少数的事情。
大部分人只是生存罢了。
——王尔德《莎乐美》

▲ 穷光蛋只能借由生活中的小确幸抚慰心灵。
——安东尼·马拉《我们一无所有》

▲ 一个人活得有没有尊严，其实只是程度问题。
——安东尼·马拉《我们一无所有》

▲ 人是生活的囚徒，
要么因为依靠他人而受到囚禁，
要么因为孤独而受到囚禁。
——詹姆斯·诺尔森《贝克特肖像》

生活

1858年9月19日：

很愉快。决定了，应当爱，应当劳动！就这样。

1858年9月20日：

很累。不想爱了，也不想劳动了。

——列夫·托尔斯泰的日记

▲ 日子如流水，一天又过去了。
我浑浑噩噩度过了一天，
以我那种特有的简朴和胆怯的生活艺术，
安详地度过了一天。
　　——赫尔曼·黑塞《荒原狼》

▲ 我的自我感觉不差，
体重没有减轻，
对未来我充满希望，
天气好极了。钱几乎没有。
　　——契诃夫《契诃夫书信集》

▲ 钱老是没有，
而且不会很快就有，真要命。
　　——契诃夫《契诃夫文集》

▲ 哦，欲望，多么宏伟的牢房！
生活的意义，多么广大的疯人院！
　　——费尔南多·佩索阿《想象一朵未来的玫瑰》

▲ 她这辈子在八岁生日之前就已达到巅峰，
怎知其余的岁月竟然如此平庸。
　　——安东尼·马拉《我们一无所有》

▲ 啤酒是上帝爱我们，并且希望我们快乐的证明。

　　——本杰明·富兰克林

▲ 活着是件辛苦事。

　　处处都被铁链捆绑，

　　稍有动弹，鲜血便喷涌而出。

　　——太宰治《樱桃》

▲ 去年，一无所有。

　　前年，一无所有。

　　大前年，同样亦一无所有。

　　——太宰治《斜阳》

自嘲

▲ 对女人来说，眼下每一天的日子就是自己的全部，
这与男人不同。
女人既不考虑自己的身后之事，也无任何思索，
唯愿实现一时一刻的美好，
溺爱着生活以及生活的感触。
　　——太宰治《皮肤与心》

▲ 购物果然是一件愉快的事。
资本主义的无上欢愉。
　　——石田衣良《池袋西口公园》

生
活

▲ 横竖是不够的，节省这个钱，
有什么意思，还是吃吧！
　　——郁达夫《还乡记》

▲ 大醉三千日，微吟又十年。
　　——郁达夫《赠〈闽报〉同人》

▲ 往好里说，是长得很富泰；
往坏里说呢，干脆是一块肉。
　　——老舍《四世同堂》

自
嘲

▲ 明天只是今天的继续，
明天承继着今天的委屈。
　　——老舍《骆驼祥子》

▲ 结婚只是男女两人的事，与别人无关，
而别人偏偏最感兴趣。
　　——梁实秋《结婚典礼》

▲ 假如人生本来像戏，
结婚典礼便似"戏中戏"，越隆重则越像。
　　——梁实秋《结婚典礼》

▲ 晚上开了灯，怕费电；关了灯，又怕费开关。

——梁实秋《女人》

▲ 人老也就罢了，何苦成精？

——梁实秋《老年》

▲ 我们天天在过日子，
却往往不知道日子是怎样过的。

——季羡林《悲喜自渡》

▲ 理想的退休生活就是真正的退休，
完全摆脱赖以糊口的职务，做自己衷心所愿意做的事。

——梁实秋《退休》

▲ 我在一张照片里骑木马，
照片在粉墙上发黄。

——汪曾祺《小学校的钟声》

▲ 生平最恨小城市的摩登姑娘，
落伍的时髦，乡气的都市化。

——钱锺书《围城》

生活

我喜欢钱，是因为我没吃过钱的苦——
　　小苦虽然经验到一些，
　　和人家真吃过苦的比起来实在不算什么——
　　不知道钱的坏处，只知道钱的好处。
　　　　——张爱玲《童言无忌》

 没有变化的生活，就像织布机上的经纬，
　　一匹一匹的岁月都织出来了，
　　而花色却是一个样子的单调。
　　　　——三毛《搭车客》

自
嘲

▲ 世上没有永远的事，
一顿饱餐也不过只能维持三两个小时，
生命不过数十年的事。
——亦舒《流金岁月》

▲ 读书从不求甚解，得理更愿让别人。
谓我狂者不知我，俺本老实厚道人。
——莫言打油诗《自嘲》

▲ 生活是一个刽子手，刀刃上没有明天。
——简媜《美丽的茧》

▲ 我呀，我就是个落后的人。
反正我老觉得人在闭着眼的时候最好的一件事就是睡觉；
睁开眼的时候最好的一件事就是吃饭。
——铁凝《大浴女》

▲ 陪我在一万杯红色甜酒里流亡吧，
亲爱的，请陪我过一种永远不会厌倦的生活。
——马良《坦白书》

▲ 烦恼像根葱，往里一看全是空。
——林帝浣《等一朵花开》

▲ 世事浮云何足问，不如高卧且加餐。

　　——唐·王维《酌酒与裴迪》

▲ 一松一竹真朋友，山鸟山花好弟兄。

　　——宋·辛弃疾《鹧鸪天·博山寺作》

▲ 四鼓咚咚起着衣，午门朝见尚嫌迟。

何时得遂田园乐，睡到人间饭熟时。

　　——明·钱宰《无题》

▲ 一日湖上行，一日湖上坐。

一日湖上住，一日湖上卧。

　　——明·袁宏道《西湖》

踏水前行，虎虎生风

工作

▲ 但凡我有点本事，也不会一点本事都没有。

▲ 幸好年初没制订计划，不然就要完不成了。

▲ 不把麻烦的事情变成好玩的事情，
是成不了专业人士的。

▲ 社会上的边角料，妈妈眼中的小骄傲。

▲ 有没有可能其实我是住公司，
只是偶尔去家里做客。

▲ 我进厂了，这一次属于我的螺丝，
我要全部拧回来。

▲ 是谁发明的早上好啊，到底是谁在好。

▲ 我根本不敢请假，
我怕老板知道，有我没我都一样。

▲ 上班就像喝粥，吃不饱又饿不着，
关键还要慢慢熬。

▲ 天下没有不散的宴席，但是如果你请客，
我愿意陪你多吃点。

应该变强大或者睡大觉

▲ 最累人的是，不知道整天在累什么。

▲ 我要山，要海，要自由，
　开玩笑，我要上班了。

▲ 梦到我搬家了，还好梦和现实是相反的，
　我加班了。

▲ 小时候的兴趣班上多了，
　现在完全没兴趣上班。

人间理想，几斤几两

自嘲

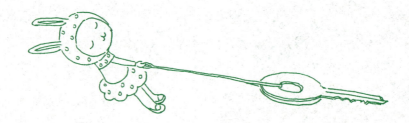

▲ 我的愿望就是完全不用工作。

我最喜欢的事情就是拥有很多钱。

  ——阿加莎·克里斯蒂《古墓之谜》

▲ 独辟蹊径才能创造出伟大的业绩，

在街道上挤来挤去不会有所作为。

  ——威廉·布莱克

▲ 一个人知道得越少，

他能闹出来的动静才越大，

他应得的薪水才越高。

  ——马克·吐温《我是怎样编农业报的》

▲ 我总是等机会错过了才发现我曾有过机会。

  ——马克·吐温

▲ 我最擅长的事就是把一切弄砸。

  ——蕾秋·乔伊斯《一个人的朝圣》

▲ 一个人是无法在工作中、享乐中，

世界上或修道院里找到平静的，

只能在灵魂中找到它。

  ——毛姆《面纱》

工作

▲ 一个平平庸庸的人在其一生中，
怎么可能积累起使自己在这种职业中做出
一些成绩所需要的那么多知识？
——卡夫卡《卡夫卡文集：诉讼·美国》

▲ 我不想工作，我不想枯等，
我什么都不想做，我什么都想要。
——安东尼·马拉《我们一无所有》

▲ 工作的最重要形式之一是休息。
——马林诺夫斯基《一本严格意义上的日记》

▲ 我从没喜欢过工作，
我的目标永远是得过且过。
——雷蒙德·卡佛《得过且过》

▲ 能后天做的事我绝不明天完成。
——王尔德《莎乐美》

▲ 晚上，11 点半。
我如果没有从办公室里解放出来，
我简直就失望了。
——卡夫卡《卡夫卡全集·日记》

▲ 像我今天想从床上爬起来一样，
　我一下子晕倒了。
　这个原因非常简单，
　我工作完全超负荷了。
　　　　——卡夫卡《卡夫卡全集·日记》

▲ 我什么事情都干不出来，
　因为我没有时间，
　而我心里却是那样紧迫。
　　　　——卡夫卡《卡夫卡全集·日记》

▲ 工作结束，就像一处没治好的伤口能愈合一样。
　　　　——卡夫卡《卡夫卡全集·日记》

▲ 没有收益的一天。
　我所有唯一的欢乐就是由昨天建立起来的
　对较好睡眠的希望。
　　　　——卡夫卡《卡夫卡全集·日记》

▲ 人生不是一种享乐，
　而是一桩十分沉重的工作。
　　　　——列夫·托尔斯泰

工作

巴尔扎克的手杖上刻的是：

"我在摧毁一切障碍。"

卡夫卡则不无感慨地写道：

"在我的手杖上则是：

一切障碍在摧毁我。

共同的是这个'一切'。"

▲ 我的头脑总是枯竭，但我装着没这回事。
　　——博尔赫斯《博尔赫斯谈话录》

▲ 没有钱用，但又懒得去挣钱。
　　请您给我寄一些钱来吧！
　　我决不食言：我只懒到5月份，
　　从6月1日起我就坐下来写作。
　　——契诃夫《契诃夫书信集》

▲ 下个季度我仍然还得多写。
　　我要拼命尽量多挣一些钱，
　　以便夏天可以什么事情都不干。
　　——契诃夫《契诃夫书信集》

▲ 我疲乏，非常爱生气。
　　没有钱，讲到挣钱，
　　我既没有工夫，也没有情绪。
　　——契诃夫《契诃夫书信集》

▲ 自从我工作了这些年，我的脑子就空了，
　　人就瘦了，丑了，老了。
　　——契诃夫《三姊妹》

自己决定的事，含泪也要开出花来

▲ 我想要进入工作状态，就不得不"精神失常"，
是真的精神失常——把"我"完全抹掉，
变成一个能做这些工作的"东西"。
工作进行完之后，
我往往需要一天的时间才能恢复，
才能想起我是谁。
——大卫·格雷伯《毫无意义的工作》

▲ 精神濒临崩溃的症状之一，
就是相信自己的工作非常重要。
——罗素

▲ 我虽然有时间无所事事，
却没有时间去旅行、社交、钓鱼或是
行其他一些"人生乐事"——
不，我必须经常待在书桌前，
一个人，不受打扰，随时准备工作。
——赫尔曼·黑塞《纽伦堡之旅》

▲ 我这人的确没什么雄心大志，
可这世界怎么着也得给没有雄心大志的人留下
一席之地吧。
——查尔斯·布考斯基《样样干》

▲ 对一个"游手好闲"如此的人，
一个需要时刻为工作做好准备的人来说，
几乎没有什么比提前数月就得知
要在某时某地出现完成某项工作更让他
倒胃口的事情了。

  ——赫尔曼·黑塞《纽伦堡之旅》

▲ 我可以这么说，一年之中，
我很少有机会能做到风雨无阻，案牍劳形，
无所畏惧，夜以继日，狂热得像个苦行僧，
物我两相忘，将自己全然投入到工作的旋涡中。
此间殚精竭虑，回头时已伤痕累累。

  ——赫尔曼·黑塞《纽伦堡之旅》

▲ 我工作是为了睡觉。
我睡了吃，然后再睡。
这里才是真正的生活。

  ——亚伯拉罕·耶霍舒亚《诗人继续沉默》

▲ 上班明明是为别人赚大钱，
可最后竟还要反过来谢他给你一个工作机会，
一个人怎么可能会享受这种日子呢？

  ——查尔斯·布考斯基《样样干》

自
嘲

当年奥斯卡·王尔德初抵纽约，

海关人员问他：

"有什么应该上税的东西要申报吗？"

王尔德答："除了我的天才之外，没有什么可申报的。"

▲ 把回家去的时间，当作唯一等候着的事情，
　　今天也是这样的工作了。
　　　　——石川啄木《事物的味道，我尝得太早了》

▲ 工作的乐趣顶多只能将口袋装满，
　　但工作的苦闷却是要卡车才装得下。
　　　　——石田衣良《池袋西口公园》

▲ 世界上从来都没有现成的计划，
　　只有走一步算一步，
　　才能找到解决问题的方法。
　　　　——石田衣良《池袋西口公园》

▲ 我成天琢磨的都是
　　如何不用工作也能维持自由玩乐的生活。
　　　　——松浦弥太郎《最糟也是最棒的书店》

▲ 年轻时，以为自己的问题自己就能解决。
　　但随着年龄增长，
　　感觉单凭努力解决不了的难题却越来越多。
　　近来，有些懦弱。
　　　　——山本文绪《然后，我就一个人了》

自
嘲

▲ 工作到清晨不是因为我多么勤奋，
只是开始的时间晚而已。

——山本文绪《然后，我就一个人了》

▲ 现在好像终于能开始理解您了，
因为我也进入社会了，
既坚强又软弱地度过每一天。
　　——北川理惠《三行情书》

▲ 一天到晚在那儿做事，
全是我不爱做的。
　　——老舍《忙》

▲ 人类最高理想应该是人人能有闲暇，
于必须的工作之余还能有闲暇去做人，
有闲暇去做人的工作，去享受人的生活。
　　——梁实秋《闲暇》

▲ 人在有闲的时候才最像是一个人。
手脚相当闲，头脑才能相应地忙起来。
　　——梁实秋《闲暇》

▲ 一个人，做他自己分内的事，
得到他分内的一点注意。
不上十年八年，他做完他所要做的事了，
或者是做不动了，也就被忘怀了。
　　——张爱玲《必也正名乎》

▲ 早晨只是上班，坐得腚都痛了。

      ——季羡林《清华园日记》

▲ 世界上最无趣的莫过于开会了。

    大好的日子，

    一大堆人被迫放下手头的急事、要事、趣事，

    济济一堂，只为听三五个人逞其舌锋，

    争辩一件议而不决、关而不行、行而不通的事情，

    真是集体浪费时间的最佳方式。

      ——余光中《开你个大头会》

▲ 上班，是一个大大的骗局。

      ——陈映真《上班族的一日》

▲ 俗务相仍何日了，纷纷百绪千头。

      ——元·蒲道源《临江仙·俗务相仍何日了》

▲ 十有九人堪白眼，百无一用是书生。

      ——清·黄景仁《杂感》

工作

19世纪意大利有个著名作曲家叫罗西尼。

有一次，一个作曲家带了份七拼八凑的乐曲手稿去请教。

演奏过程中，罗西尼不断地脱帽。

自
嘲

作曲家问："是不是屋里太热了呢？"

罗西尼回答说："不，是我有见到熟人就脱帽的习惯。

在阁下的曲子里，我见到了那么多的熟人，不得不连连

脱帽。"

不站在高处哪能算起飞

工作

我给了她一颗真心，她却想要我的灵魂

爱情

▲ 不敢问你喜欢什么样的女孩，我怕我完全符合。

▲ 非要长得像沼泽一样，你才会沦陷嘛！

▲ 他走的时候，我撕心裂肺地哭着求他不要走，
要跑起来！

▲ 对自己说，不爱也是爱情的一种。

▲ 偷走一个人的心，是唯一合法的盗窃。

▲ 如果想你要收费，恐怕我已经负债累累。

▲ 怎么释怀啊！你告诉我怎么释怀啊！
心都碎得跟二维码一样，
扫出来还是我好爱你。

▲ 我要脑子有什么用，它只会想你。

▲ 这边建议你早点喜欢我，免得虚度光阴。

▲ 当你为爱情而钓鱼时，
要用你的心当作饵，而不是你的脑筋。

▲ 说起你的优点就五个字：会挑女朋友。

▲ 谁说我没有毅力的，单身这事，
　 我不就坚持了好几十年吗？

▲ 我谈过最长的恋爱，就是自恋，
　 我爱自己，没有情敌。

▲ "你感情路不顺吗？"
　 "顺啊，一路上都没什么人。"

多少柔情蜜意，才可提炼一克炸药

▲ 爱一个女人一生，
意味着你要去爱一个少女、一个少妇、
一个忙忙碌碌的中年妇女，
以及一个唠唠叨叨的老太太。
　　——加·泽文《玛格丽特小镇》

▲ 忠贞不贰的人只知道爱的小零小碎，
而见异思迁者才懂得爱的大悲大痛。
　　——王尔德《道连·格雷的画像》

▲ 我如果明天收不到你的信，我就摔茶杯。
　　——契诃夫《可爱的契诃夫：契诃夫书信赏读》

▲ 没有任何东西比野心勃勃更适合某些女人了。
爱情使她们意志消沉。
　　——弗朗索瓦丝·萨冈《你好，忧愁》

▲ 爱情是一种偏见。
你爱你需要的，你爱使你感觉好的，
你爱使你感觉方便的。
当你知道只要有机会认识，
世界上还有一万个人可以让你更爱，
怎么能说你只爱一个人？
只不过你永远无法认识他们。
　　——查尔斯·布考斯基《苦水音乐》

▲ 人生就是一件蠢事追着另一件蠢事而来，
而爱情则是两个蠢东西追来追去。
—— 王尔德《莎乐美》

▲ 女人除了谈情说爱不会干别的，
所以她们把爱情看得非常重要，
简直到了可笑的地步。
她们还想说服我们，
叫我们也相信人的全部生活就是爱情。
实际上爱情是生活中无足轻重的一部分。

—— 毛姆《月亮与六便士》

▲ 他原先自以为爱她爱得发狂，

将自己的爱视为满腔痴情，

至此方才明白，

那充其量只不过是一种渺小可怜、转瞬即逝的偏爱。

　　——马克·吐温《汤姆·索亚历险记》

▲ 爱情到来的时候，

你既不能和它理论，

也不能跟它讲价钱。

　　——马克·吐温《镀金时代》

▲ 人们不需要爱，人们需要的是某种形式的成功。

可以是爱，但不是必须的。

　　——查尔斯·布考斯基《样样干》

▲ 要是爱情虐待了你，你也可以虐待爱情；

它刺痛了你，你也可以刺痛它；

这样你就可以战胜了爱情。

　　——莎士比亚《罗密欧与朱丽叶》

▲ 不太热烈的爱情才会维持久远；

太快和太慢，结果都不会圆满。

　　——莎士比亚《罗密欧与朱丽叶》

▲ 爱情里面要是掺杂了和它本身无关的算计，
那就不是真的爱情。

    —— 莎士比亚《罗密欧与朱丽叶》

▲ 在爱情中间，
往往是性格比较弱的一个给得多；
并非性格强的人爱得不够，
而是因为他强，所以非多拿一些不可。

    —— 罗曼·罗兰《约翰·克利斯朵夫》

▲ 圆满的爱情消磨你的意志，
不圆满的爱情伤害你的心。
它有什么好处给人呢？

    —— 罗曼·罗兰《约翰·克利斯朵夫》

▲ 年轻人的爱情多半不是真正的爱情，
只是情欲。情欲只求取乐，
欢乐之后，欲念消退，所谓爱情也就完了。

    —— 塞万提斯《堂吉诃德》

▲ 世上没有什么东西能拿我们怎么样，
可是我们要是老想恢复失去的东西，
老想着过去，就会毁了我们自己。

    —— 玛格丽特·米切尔《飘》

爱情

尤金·奥尼尔是美国现代戏剧的奠基人，

他的创作对美国现代和当代戏剧有着深远的影响。

1936年，奥尼尔荣获诺贝尔文学奖。

他不喜欢出名，因此不愿到斯德哥尔摩去领奖。

奥尼尔爱喝酒，经常喝得一醉方休。

新婚之夜，他又喝得不省人事。

第二天早上醒来，他发现身旁躺着一个女人。

"你是谁呀？"他问。

"你昨天晚上娶的我。"新婚妻子很吃惊。

▲ 这个世纪是疯狂、无情、腐败的。

而您曾经是，并永远是睿智、温情、不受腐蚀的。

——弗朗索瓦丝·萨冈《写给让－保罗·萨特的情书》

▲ 倘若你高抬贵手，容我听其自然，

我就会半睡半醒地了此一生。

——E. M. 佛斯特《莫里斯的情人》

▲ 爱吃了败仗，爱是一种感情，

通过爱，你能偶尔享受乐趣。

爱是成不了什么气候的。

——E. M. 佛斯特《莫里斯的情人》

▲ 当爱情走到尽头时，软弱者哭个不停，

有效率的马上去寻找下一个目标，

而聪明的早就预备了下一个。

——王尔德

▲ 我们俩都是叛逆者，

亲爱的，是自私的卑鄙小人。

——玛格丽特·米切尔《飘》

爱情

▲ 爱情是多么愚昧啊！
它不及逻辑一半有用，
因为它什么都证明不了，
而它总是告诉人们一些不会发生的事，
并且还让人相信一些不真实的事。
　　——王尔德《夜莺与玫瑰》

▲ 我知道你愚蠢、轻浮，脑袋里空空的，
但是我爱你。
我知道你的想法都很粗俗、平庸，
但是我爱你。
我知道你只是个二流货色，
但是我爱你。
　　——毛姆《面纱》

▲ 一个男人可以深爱着一个女人，
但不见得就希望与她共度一生。
　　——毛姆《面纱》

▲ 有多少颗脑袋，就有多少种想法；
有多少颗心，就有多少种爱情。
　　——列夫·托尔斯泰《安娜·卡列尼娜》

我的爱微不足道，春风，雨露，柳梢

▲ 男人们真蠢!
他们在生儿育女过程中的作用可以说是微乎其微,
是女人们十月怀胎,日夜担心受累,
忍受巨大的疼痛把孩子生了下来,
而男人们只是跟腹中的胎儿在开始时有短暂的联系,
然而,就是他们每每提出那么荒唐的要求。
为什么孩子是不是他的这一点,
会使他在对待孩子的态度上产生那么大的不同?
　　——毛姆《面纱》

▲ 他真诚地错把耽于声色当作浪漫情怀,
将优柔寡断当作艺术气质,
将无所事事当作哲人的淡泊宁静。
　　——毛姆《人性的枷锁》

▲ 过去都是假的,回忆没有归路,
春天总是一去不返,
最疯狂执着的爱情也终究是过眼云烟。
　　——马尔克斯《百年孤独》

▲ 男人结婚是因为疲惫,
女人结婚是因为好奇,
结果双方都大失所望。
　　——王尔德《道林·格雷的画像》

▲ 多情是无所事事者的特权。

——王尔德《道林·格雷的画像》

▲ 坠入爱河的人，

总是始于自欺欺人，终于欺骗他人。

这就是世人所说的浪漫。

——王尔德《道林·格雷的画像》

▲ 所有的女人，都让我感觉麻烦，

我不懂她们活在世上琢磨些什么，

理解她们简直比咂摸蚯蚓的想法还要费周章。

——太宰治《人间失格》

▲ 我陷入情网，神志不清，世界变得清澈，

我的生命就像沙子般无声崩溃，眼见快要消失，

我走投无路，无处容身，冶游无度，经济拮据。

——太宰治《人间失格》

▲ 女人巴不得被男人指使，

她们巴不得男人有求于己。

——太宰治《人间失格》

▲ 你能收下吗？
　写着"易碎品，小心轻放"的我的心。
　　　——北川理惠《三行情书》

▲ 直到你的心门打开之前，
　我都会一直敲下去。
　请千万别假装不在家啊……
　　　——北川理惠《三行情书》

▲ 也想不相思，可免相思苦。
　几次细思量，情愿相思苦！
　　　——胡适《生查子·也想不相思》

▲ 不愿勾起相思，不敢出门看月。
　偏偏月进窗来，害我相思一夜。
　　　——胡适《也是微云》

▲ 火是各处可烧的，水是各处可流的，
　日月是各处可照的，爱情是各处可到的。
　　　——沈从文《边城》

▲ 恋爱是火，火是不能随便玩的。
　　　——丁玲《恋爱与文艺创作》

自
嘲

▲ 倘若你这时见到我，
你就会明白我如何温柔！
一切过去的种种，
它的结局皆在把我推到你身边心上，
你的一切过去也皆在把我拉进你身边心上。
　　——沈从文《我温习你的一切》

▲ 对于大多数女人，
"爱"的意思就是"被爱"。
　　——张爱玲《谈女人》

▲ 你疑心你的妻子，她就欺骗你。
你不疑心你的妻子，她就疑心你。
　　——张爱玲《谈女人》

▲ 能够爱一个人爱到问他拿零用钱的程度，
那是严格的试验。
　　——张爱玲《童言无忌》

▲ 反正夫妇生活总是在吃饭，
其他时间便是去忙着赚吃饭的钱，
实在没多大意思。
　　——三毛《沙漠中的饭店》

▲ 爱情有如佛家的禅——
　　不可说，不可说，一说就是错。
　　——三毛

▲ 爱情，如果不落实到穿衣、吃饭、数钱、睡觉
　　这些实实在在的生活里去，
　　是不容易天长地久的。
　　——三毛《亲爱的三毛》

▲ 某些人的爱情，
　　只是一种"当时的情绪"。
　　——三毛《亲爱的三毛》

▲ 对待女人——结了婚之后的太太，
　　甜言蜜语固然有助婚姻美满，
　　可是倒不如按月缴上薪水袋来得管用。
　　对待男人——结了婚的丈夫，
　　洗衣煮饭固然有助婚姻美满，
　　可是倒不如始终轻言好语来得有效。
　　——三毛《亲爱的三毛》

自嘲

▲ 幸福不是在有爱人，

是在两人都无更大的欲望，

商商量量平平和和地过日子。

——丁玲《莎菲女士的日记》

▲ 眼睛是爱情的器官，其主要功能是顾盼和失眠。

——周国平《两性之间》

▲ 我把我整个的灵魂都给你，

连同它的怪癖，耍小脾气，忽明忽暗，

一千八百种坏毛病。

它真讨厌，只有一点好，爱你。

——王小波《爱你就像爱生命》

▲ 我的最大错误就是在结婚的前一夜，

没有及时意识到她一生都将在我眼前晃来晃去。

——余华《爱情故事》

▲ 我们不要在这里，跟我回去十八岁，

躲到台大校园杜鹃花丛下，

不要被命运找到。

——简媜《相逢在异国的夏日午后》

爱情

▲ 来日或聚，愿其时我大业底定，
你亦澡雪精神。
——简媜《女儿红》

▲ 为了爱你，我学着温柔，把一些情话慢慢熬，
尽管我还想抱着你，或者跳起来吻你。
唉，你有什么吸引我的呢：
一把胡子，胡子里还有虱子。
——余秀华《美好之事》

自
嘲

▲ 只要想起一生中后悔的事，
梅花便落满了南山。
——张枣《镜中》

▲ 我未成名卿未嫁，可能俱是不如人。
——唐·罗隐《赠妓云英》

▲ 诚知此恨人人有，贫贱夫妻百事哀。
——唐·元稹《遣悲怀三首·其二》

文学家梁实秋跟韩菁清结婚后，两个人的生活习惯完全不同。梁实秋早上4点起床，5点写作，晚上8点就睡了。

韩菁清则每天都是过了中午才起床，夜里两三点才睡。

"这样也好。"梁实秋说，

"她早上不起，正好我可以安静，专心写作。

我晚上睡得早，正好她得到自由，可以跟她那群夜猫子朋友去吃夜宵。"

"如果她的朋友要请您一块儿去吃夜宵，怎么办？"

有一天，朋友开玩笑地问他。

"那简单！"梁实秋一笑，

"他们请我吃夜宵，我就请他们吃早点。"

又不回消息了，不错，更喜欢了

社交

自
嘲

▲ 我一直觉得我性格挺好的，
直到遇见性格和我一样的人，
真想踹两脚。

▲ 小伙子，真不错，年纪轻轻的，就这么年轻了。

▲ 不好意思，忘记回你消息啦，刚刚在玩手机。

▲ 我的人际关系可以分为三种：
可以不化妆见的，
要化了妆才能见的，
化了妆都不想见的。

▲ 惹到我，你算是踢到棉花了。

▲ 给我道歉，不行的话就算了。

▲ 我一怒之下，怒了一下。

▲ 你攻击我毫无意义，因为我毫无还手之力。

▲ 聪明的人太多了，我必须为笨蛋争口气。

社交

世界够吵了，我喜欢默念

▲ 我很高兴终于有人识破我的真面目，
我装得太累了。

    ——卡勒德·胡赛尼《追风筝的人》

▲ 我爱人类，但我对自己实在大惑不解：
我越是爱整个人类，就越是不爱具体的人，
即一个一个的人。

    ——陀思妥耶夫斯基《卡拉马佐夫兄弟》

▲ 有的人走到哪儿都能带来快乐，
有的人只有走了才能给人带来快乐。

    ——王尔德《莎乐美》

▲ 我没有任何偏见，
我一视同仁地讨厌每个人。

    ——W.C.菲尔兹

▲ 您和我都是疯子，何必抵赖！
您瞧，他摇晃您一下，您就疯了，
显然您本来就有疯根。

    ——米哈伊尔·布尔加科夫《大师和玛格丽特》

社交

▲ 友谊是如此甜美、稳固、忠诚，
又至死不渝的神圣情感，
只要他们不跟你借钱。
　　——马克·吐温《傻瓜威尔逊》

▲ 为什么你坐在那儿，
看上去就像一个没写地址的信封？
　　——马克·吐温《美国原告人》

▲ 如果你的朋友们开始夸你看上去多么年轻，
那就是你正在变老的证据。
　　——马克·吐温

自
嘲

▲ 外交是一种推迟决定的艺术，
直到问题自己解决为止。
　　——保罗·科埃略《韦罗妮卡决定去死》

▲ 你要的越少，就得到所有。
你一无所求，就获得自由。
别人给我们爱，
也同样向我们索取，把我们压迫。
　　——费尔南多·佩索阿《我的心迟到了》

▲ 我们很少信任比我们好的人，这可太真实了。
我们宁肯避免与他们往来。
相反，最为经常的是我们对和我们相似、
和我们有着共同弱点的人吐露心迹。
因此，我们并不希望改掉我们的弱点，
也不希望变得更好，
我们大概首先应该被判犯了错误。
我们只是希望在我们的道路上受到怜悯和鼓励。
　　——阿尔贝·加缪《堕落·流放与王国》

▲ 即使闭起嘴看起来像个傻瓜，
也比开口让人家确认你是傻瓜来得强。
　　——马克·吐温

▲ 一个有心而没有头脑的傻瓜，
跟一个有头脑而没有心的傻瓜一样，
都是可怜的傻瓜。
　　——陀思妥耶夫斯基《白痴》

▲ 人们相互蔑视，又相互奉承，
人们各自希望自己高于别人，
又各自匍匐在别人面前。
　　——马可·奥勒留《沉思录》

社
交

要说的话，都在彩霞里

自
嘲

▲ 当真理还在穿鞋的时候，
  谎言就走遍了半个世界。
  ——马克·吐温

▲ 就算给人以蠢笨的印象也不要紧。
  这样的特质可使友谊维系终身——
  只要不向对方借钱。
  ——马克·吐温

▲ 世上只有一件事比被人议论更糟糕了，
  那就是没有人议论你。
  ——王尔德《道连·葛雷的画像》

▲ 有时候我们感谢某些人，
  仅仅因为他们和我们一起活着。
  ——陀思妥耶夫斯基《白夜》

▲ 从少年时代开始，
  我唯一的骄傲便是不被人理解，
  也从来不试图让人理解。
  ——三岛由纪夫《金阁寺》

社交

▲ 我在自己周围筑起高墙，
　　没有哪个人能够入内，
　　也尽量不放自己出去。
　　　　——村上春树《海边的卡夫卡》

▲ 我与旁人几乎从不交谈，
　　因为我不知道该说些什么、怎么说。
　　于是，我想到了一个对策，就是扮演小丑。
　　这是我对人类最后的求爱。
　　　　——太宰治《人间失格》

自嘲

▲ 我讨厌他人，他人也讨厌我。
　　智慧的较量。
　　　　——太宰治《斜阳》

▲ 人们相互欺骗，却不可思议地不会受到丝毫伤害，
　　就好像没有察觉到彼此在欺骗对方似的，
　　这种毫不遮掩、大大方方、堂而皇之的
　　互不信任的例子，
　　在人世间无处不在。
　　　　——太宰治《人间失格》

▲ 在这个世上，您一定是对的，错的是我，
可是我怎么也不明白自己错在哪里，错成怎样。
——太宰治《蛐蛐》

▲ 对于讨厌的事，我无法直言讨厌。
对于喜欢的事，我总是战战兢兢，
因为一种极为痛苦、难以形容的恐惧感而苦闷不已。
换句话说，我连二者择一的能力都没有。
——太宰治《人间失格》

▲ 所有的人际交往，
给我留下的唯有苦痛。
为了消解苦痛我唯有拼命地扮丑。
结果却弄得疲惫不堪。
——太宰治《人间失格》

▲ 自己的不幸正是无能力拒绝者的不幸。
我一直感觉恐惧，
一旦拒绝了他人的请求，
对方和自己的内心都会留下永远无法修补的
无趣的罅隙。
——太宰治《人间失格》

社交

▲ 尽管我对人类极为恐惧，
　却似乎无法对他们彻底死心。
　我通过扮演小丑这根线，
　跟人类保持着微弱的联系。
　　　——太宰治《人间失格》

▲ 对于人类，我总是心怀恐惧，战战兢兢。
　作为一个人，我对自己的言行没有丝毫的自信。
　我把自己的懊恼锁在内心的小角落里，
　把忧郁和焦虑深藏起来，
　一心装成天真无邪的乐天模样，
　渐渐地把自己塑造成了一个装痴卖傻的怪人。
　　　——太宰治《人间失格》

▲ 敏感的人会体谅到他人的痛苦，
　自然就无法轻易做到坦率。
　所谓的坦率，其实就是暴力。
　　　——太宰治《候鸟》

▲ 哪里会有人喜欢孤独，不过是不喜欢失望。
　　　——村上春树《挪威的森林》

▲ 世人普普通通倒有可能，但并不地地道道。

　　——村上春树《世界尽头与冷酷仙境》

▲ 人长大了性格多少会改变吧，当然，是变坏。

　　——东野圭吾《恶意》

▲ 如果人类有尾巴的话——
　说起来有点不好意思，只要和你在一起，
　一定会止不住摇起来的。

　　——北川理惠《三行情书》

▲ 一个人身上的优点，只要有一个就足够了。
　因为大多数人什么都没有。
　大家都如此。

　　——坂本龙一《skmt：坂本龙一是谁》

▲ 人世间真是难处的地方，
　说一个人"不通世故"，固然不是好话，
　但说他"深于世故"也不是好话。

　　——鲁迅《世故三昧》

▲ 中国人是尊家族，尚血统的，
　　但一面又喜欢和不相干的人们去攀亲，
　　我真不知道是什么意思。

　　　——鲁迅《中秋二愿》

▲ 我的可恶有时自己也觉得，
　　即如我的戒酒，吃鱼肝油，以望延长我的生命，
　　倒不尽是为了我的爱人，
　　大大半乃是为了我的敌人，——
　　给他们说得体面一点，就是敌人罢——
　　要在他的好世界上多留一些缺陷。

　　　——鲁迅《坟》

▲ 他们这群人，又想吃人，又是鬼鬼祟祟，
　　想法子遮掩，不敢直捷下手，
　　真要令我笑死，我忍不住，
　　便放声大笑起来，十分快活。

　　　——鲁迅《狂人日记》

▲ 世上原没讨厌的人，
　　生活的过程使大家不快活，
　　不快活自然显着讨厌。

　　　——老舍《离婚》

▲ 人类天生的是爱管闲事。

为什么我们不向彼此的私生活里偷偷的看一眼呢，

既然被看者没有多大损失而看的人显然得到了

片刻的愉悦？

凡事牵涉到快乐的授受上，就犯不着斤斤计较了。

较量些什么呢？——

长的是磨难，短的是人生。

　　——张爱玲《流言》

▲ 我最喜欢别人将我看成傻瓜。

这样与人相处起来就方便多了。

我不劝任何人任何事。

其实，每一个人对自己的作为只是假糊涂而已。

　　——三毛《亲爱的三毛》

▲ 对于丑人，细看是一种残忍。

　　——钱锺书《围城》

▲ 你不讨厌，可是全无用处。

　　——钱锺书《围城》

▲ 现在人们有时候骂人为"畜生"，
我觉得这是对畜生的污蔑。
　　——季羡林《牛棚杂忆》

▲ 啥叫废话？说些已经过去的没用的事；
啥叫有用的话？张罗些前面的有用的事。
　　——刘震云《一句顶一万句》

心软。唉，善良到无骨

▲ 不要以为世界上的人都在关心你的事。
你是不是以为人人都在盯着你？
其实，各人有各人的烦心事，
没人管你这档事儿。
　　——莫言《蛙》

▲ 世界上的事，若不让别人尴尬，也不让自己尴尬，
最好的办法就是自我作践。
　　——贾平凹《人病》

▲ 人与人的交往多半肤浅。
或者说，只有在比较肤浅的层面上，交往是容易的，
一旦走进复杂，人与人就是相互的迷宫。
　　——史铁生《给李健鸣》

▲ 遇酒且呵呵，人生能几何。
　　——唐·韦庄《菩萨蛮·劝君今夜须沉醉》

2013年1月，倪萍受邀来到江西卫视《妈妈来了》节目当评委。一位65岁的"村晚大妈"贾杰上台表演，为了获得晋级，她打起了感情牌，但还是惨遭淘汰了。

倪萍马上用自嘲的方式劝慰道：
"我也是一老太太了。咱们都是老姐儿们啊。
人老了，上不了远山，咱就上近山；上不了大山，咱就上小山；上不了春晚，咱就上村晚。"
一番话让老太太立刻释然。

社交

那些飘落的，还会以别的方式重新回来

心态

▲ 与其被动失眠，不如主动熬夜。

▲ 作为失败的典型，我实在是太成功了！

▲ 希望所有的事，都像长胖一样简单。

▲ 我打算胖一段时间，不然生活不圆满。

▲ 好烦，突然发现脸皮厚根本没用，
　风吹过来还是会冷。

▲ 有很多事情你当时想不通，别着急，
　过一段时间你再想，就想不起来了。

▲ 有得必有失，得到钱的同时，
　必然会消失很多的烦恼。

▲ 上帝给你关上一扇门，
　你会发现宅着其实挺好的。

▲ 生活就是在米缸里种玫瑰。

▲ 就算失败了九十九次也要再努力一次，
凑个整数。

▲ 那些迈不过去的坎，还不是因为我腿短！

▲ 虽然我今天什么也没有做，但还是辛苦我了。

由于人生地不熟，我的人生迷路了

▲ 到明年1月，我就30岁了。

可恶，我的感觉好像我才22岁。

　　——契诃夫《可爱的契诃夫：契诃夫书信赏读》

▲ 或许她做过的所有错事蠢事，

所有她经受的磨难，

并不全是毫无意义的——

那将是一条通往安宁的路。

　　——毛姆《面纱》

▲ 一样东西破碎了就是破碎了——

我宁愿记住它最好时的模样，

而不想把它修补好，

然后终生看着那些破碎了的地方。

　　——玛格丽特·米切尔《飘》

▲ 做自己最想做的事，生活在自己喜爱的环境里，

淡泊宁静、与世无争，

这难道是糟蹋自己吗？

　　——毛姆《月亮和六便士》

有一次，萧伯纳在街上行走，被一个冒失鬼骑车撞倒在地，幸好没有大碍。肇事者急忙扶起他，连声抱歉。

萧伯纳拍拍屁股诙谐地说：
"你的运气真不好，先生，如果你把我撞死了，就可以名扬四海了。"

▲ 过去是一个幽灵，虚无缥缈，

没有什么影响力。

只有未来才有分量。

——塔拉·韦斯特弗《你当像鸟飞往你的山》

▲ 我们得去相信。

我们时常接受失望，

这样我们才能不断地重整旗鼓。

——加·泽文《岛上书店》

▲ 我宁愿焦虑，也不要一种腐朽的安宁。

——安东尼奥·塔布齐《安魂曲》

▲ 如果不介意欺瞒自己，

你会想出很多法子让自己活得心满意足。

——安东尼·马拉《我们一无所有》

▲ 一旦你放弃了某种你原以为是根本的东西，

你就会发现你还可以放弃其他东西，

以后又有许多其他东西可以放弃。

——伊塔洛·卡尔维诺《如果在冬夜，一个旅人》

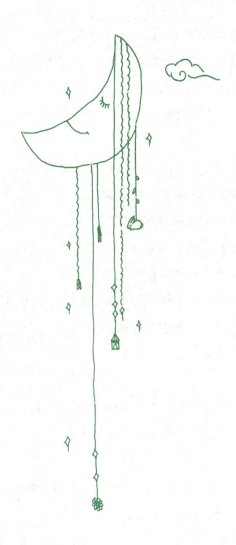

▲ 我希望来年春天我会有一大笔钱。

我是根据迷信来判断的：

没有钱就是快有钱了。

——契诃夫《契诃夫文集》

▲ 我总觉得大多数人这样度过一生好像欠缺一点什么。

我承认这种生活的社会价值，

我也看到了它的井然有序的幸福，

但是我的血液里却有一种强烈的愿望，

渴望一种更狂放不羁的旅途。

这种安详宁静的快乐好像有一种叫我惊惧不安的东西。

我的心渴望一种更加惊险的生活。

——毛姆《月亮与六便士》

▲ 重要的不是治愈，而是带着病痛活下去。

——阿尔贝·加缪《西西弗神话》

▲ 如果我们能在 80 岁的时候出生，然后慢慢走向 18 岁，

那生活将会幸福无比。

——马克·吐温

▲ 人消除不了世界的荒谬，

但能够尽可能地享用你现在拥有的一切。

——阿尔贝·加缪《置身于苦难与阳光之间》

▲ 人之所以不幸，
是因为他不知道他是幸福的；
仅仅是这个原因。
——陀思妥耶夫斯基《群魔》

▲ 每个人都想出生在美好的家庭，
可人没法自己选择父母，
发给你什么牌，你就只能尽量打好它。
——东野圭吾《时生》

▲ 如今，我已经无所谓幸福不幸福。
一切都将过去。
如同置身地狱一般，
我在所谓的"人世间"活到今天，
觉得可以视之为真理的，唯有这句话。
一切都将过去。
——太宰治《人间失格》

▲ 做一份好的工作，
在默默无闻的情况下过一种清贫而节俭的生活，
还有比这更幸福的事情吗？
我不要钱，什么都不要，
只想心中保持一种远大的自尊，
无声无息地活着。
——太宰治《蛐蛐》

心态

▲　我曾经想到过死。

今年新年的时候，

有人送我一身和服作为新年的礼物。

和服的质地是亚麻的，

上面还织着细细的青灰色条纹。

大概是夏天穿的吧，

那我还是活到夏天吧。

——太宰治《晚年》

自嘲

为冷僻的生活，
加入一点暖洋洋的仪式感

▲ 我带着十张二十张假面，
分不清哪个有多么悲伤，
不过最终我找到了一个冷清的发泄口，
这就是创作。
　　——太宰治《晚年》

▲ 自嘲是一种卑劣，
源自卑下的自尊心。
我也一样，不想被人家说三道四，
因而早早将钉子钉入自己体内。
　　——太宰治《丑角之花》

▲ 嗯，我已经 34 岁了。
如果到 60 岁我还一事无成的话，
我就再多给自己 10 年时间。
　　——查尔斯·布考斯基《关于写作》

▲ 爱这世界是不可能的。
我宁可留在床上睡觉。
　　——查尔斯·布考斯基《背靠酒桶》

▲ 也许是的，我真的差劲，真的无聊。

差劲，差劲。

懦弱，懦弱。

我忽然想"哇"地大叫一声，

却又立刻意识到自己只是试图用这叫声来掩饰怯懦。

不能这样，一定要更加积极。

——太宰治《女生徒》

▲ 真正一贫如洗的时候可以尝试自己所有的能力，

让人精神振奋。

有什么比没钱时的三餐更有乐趣、更美味的呢？

——太宰治《蛐蛐》

▲ 平凡人的生涯就是今年也要活下去，

以便能再见到新年的小沙丁鱼干和青鱼子干呀。

——川端康成《冬樱》

▲ 我想要没有怨言地生活下去。

为此还是一个人好，

因为我不会和自己抱怨。

——山本文绪《然后，我就一个人了》

▲ 什么都不想做，就在床上懒着。
但心里的某个地方，
还在想着毫无进展的工作，急得不得了。
这样的话起来干活不就得了，却又不想起来。
纵容我的人是我，紧逼我的人还是我。
掉了点眼泪。

——山本文绪《然后，我就一个人了》

▲ 中国人的性情是总喜欢调和，折中的。
譬如你说，这屋子太暗，须在这里开一个窗，
大家一定不允许的。
但如果你主张拆掉屋顶，他们就会来调和，
愿意开窗了。

——鲁迅《无声的中国》

▲ 你须把受委屈当作生活，
而从委屈中咂摸出一点甜味来，
好使你还肯活下去。

——老舍《四世同堂》

▲ 不许哭，做一个大人，不管有什么事都不许哭。
要硬扎一点，结实一点，方配活到这块土地上！

——沈从文《边城》

▲ 我是这样地矛盾；我的心像钟摆似的来去。
　　——朱自清《儿女》

▲ 猪是否能快乐得像人，我们不知道；
　　但是人会容易满足得像猪，我们是常看见的。
　　——钱锺书《论快乐》

▲ 人世间的缺陷无法弥补，可以修补的是人。
　　——杨绛《洗澡》

▲ 你年轻吗？不要紧，过两年就老了。
　　——张爱玲《倾城之恋》

▲ 今日的事情，尽心、尽意、尽力去做了，
　　无论成绩如何，都应该高高兴兴地上床恬睡。
　　——三毛《亲爱的三毛》

▲ 抗命不可能，顺命太轻闲，遵命得认真，
　　唯有乐命，乐命最是自由自在。
　　——三毛《亲爱的三毛》

▲ 人不管走到哪一步，总得找点乐子，想一点办法，
　　老是愁眉苦脸的，干吗呢！
　　——汪曾祺《草木春秋》

自嘲

▲ 我一直希望得到很多爱。
如果没有爱，很多钱也是好的。
如果两者都没有，我还有健康。
我其实并不贫乏。
　　——亦舒《喜宝》

▲ 生活总是这样，不能叫人处处都满意。
但我们还要热情地活下去。
人活一生，值得爱的东西很多，
不要因为一个方面不满意，就灰心。
　　——路遥《人生》

心态

▲ 我把荆刺当作铺满鲜花的原野，
人间便没有什么能把我折磨。
　　——张贤亮《绿化树》

▲ 发烧了，才知道不发烧的日子多么清爽。
咳嗽了，才体会不咳嗽的嗓子多么安详。
　　——史铁生《病隙碎笔》

▲ 其实每时每刻我们都是幸运的，
因为任何灾难的前面都可能再加一个"更"字。
　　——史铁生《病隙碎笔》

▲ 所有不被珍爱的人生都应该高傲地绝版！

　　——简媜《四月裂帛》

▲ 不好说自己老的！

　　你花了那么多年时间，

　　吃了那么多东西，被外公打了那么多顿，

　　读了那么多书，画了那么多画，考了那么多试，

　　得了那么多不及格才长成一个大人。

　　不好很快老的，太不划算了。

　　——马良《坦白书》

▲ 那些凌驾众生之上的才华，

　　如果只会让人变得自负冷漠和对生活充满了距离感，

　　那还真不如只是一个温暖的凡人，

　　活在人间烟火里，

　　和所有有情有义的生命在一起混为一谈。

　　——马良《坦白书》

▲ 世界总是没有错的，

　　错的是心灵的脆弱性，

　　我们不能免除于世界的伤害，

　　于是我们就要长期生着灵魂的病。

　　——邱妙津《蒙马特遗书》

▲ 心总要狠命燃烧一下，

才配得上一把灰烬。

  ——海桑《我爱这残损的世界》

▲ 我当二十不得意，一心愁谢如枯兰。

  ——唐·李贺《开愁歌》

▲ 几时归去，作个闲人。

对一张琴，一壶酒，一溪云。

  ——宋·苏轼《行香子·述怀》

▲ 半醉微吟不怕寒，江边一笑觉天宽。

  ——宋·陆游《一笑》

▲ 从此无心爱良夜，任他明月下西楼。

  ——唐·李益《写情》

▲ 而今老矣，识破关机。

算不如闲，不如醉，不如痴。

  ——宋·辛弃疾《行香子·归去来兮》

▲ 而今何事最相宜，宜醉宜游宜睡。

  ——宋·辛弃疾《西江月·示儿曹以家事付之》

头好痛，一定是有人在窃取我的智慧

学习

▲ 空有一颗学习的心，
　偏偏生了一条挂科的命。

▲ 其实我不笨，只是懒得聪明。

▲ 为什么会近视?
　为了看淡时间，
　所以模糊了双眼。

▲ 阿基米德撬得动地球，
　却撬不动我打瞌睡的眼皮。

▲ 像我这么单纯的人，
　做不来这么有心机的数学题。

▲ 在知识的海洋里，我竟然是条淡水鱼？

▲ 我好不容易上岸，就别提海里的事了。

▲ 想在这次考试咸鱼翻身的，没想到粘锅了。

▲ 想抓住青春的尾巴，可惜青春是只壁虎。

▲ 现在，我最大的矛盾是考试的知识点
　同落后的记忆力之间的矛盾。

▲ 世界上最遥远的距离，
　别人在复习，自己在预习。

"世界上最宽广的是什么？"
"考试范围。"

▲ 你是作业。
举目所及，不见学生。
——卡夫卡《卡夫卡全集：随笔·谈话录》

▲ 天色破晓的大清早，一切皆清新，
人的精力处于朝霞中，此时读书——
我称之为恶习!
——尼采《瞧，这个人》

▲ 那些成不了大事的人，就去教书。
那些不会教书的人，就去审查其他人的成就。
——安东尼·马拉《我们一无所有》

▲ 所有思考都是不道德的。
思考的本质是摧毁。
无论你思考什么，你都会杀死它。
没有任何东西经得起思考。
——王尔德《莎乐美》

▲ 经验是一种失败，
只有丢弃一切才能知晓一点东西。
——阿尔贝·加缪《置身于苦难与阳光之间》

自嘲

▲ 他的无知在哪个方面都一样博大无边。
　　——茨威格《象棋的故事》

▲ 学习不是舒服的事情，它让人痛苦。
　　——亚里士多德

▲ 我的努力求学没有得到别的好处，
　　只不过是愈来愈发觉自己的无知。
　　——笛卡儿

▲ 每天务必做一点你所不愿意做的事情，
　　这是一条最宝贵的准则，
　　它可以使你养成认真尽责职而不以为苦的习惯。
　　——马克·吐温

▲ 凡是值得思考的事情，没有不是被人思考过的；
　　我们必须做的，只是试图重新加以思考而已。
　　——歌德

▲ 我们这个年代的人书读得太多而头脑糊涂，
　　思考得太多而样貌丑陋。
　　——王尔德《道连·格雷的画像》

▲ 文化，
是当你什么事也不会做的时候唯一可以做的事情。

    ——萨冈《你好，忧愁》

▲ 我读书很少，睡觉很多，
浮云般的虚名我不去捕捉。

    ——普希金《叶甫盖尼·奥涅金》

自
嘲

安静到极致，
不一定哪里长出翅膀

▲ 谁都不明白我哪儿来的时间学习，
原因很简单：我不学习。
　　——马尔克斯《活着为了讲述》

▲ 随着自己的长大，
我渐渐懂得了学校的修身与社会上的规矩
有着巨大的差别，
如果恪守学校的修身，就会被看作傻瓜和怪人，
不能出人头地，还要永守贫困。
　　——太宰治《女生徒》

▲ 我从来不让上学耽误我的学习。
　　——马克·吐温

▲ "经典之作"是人人皆称赞，却不愿去读的书。
　　——马克·吐温

▲ 地理课上他把湖当成山，山当成河，河当成洲，
弄得世界又恢复了创世前的混沌状态。
　　——马克·吐温《汤姆·索亚历险记》

▲ 二十五个学生催眠似的低声吟诵，
　　恰似蜜蜂飞舞的嗡嗡声，
　　自有一股安魂的魔力。
　　　　——马克·吐温《汤姆·索亚历险记》

▲ 习惯就是习惯，谁也不能将其一下子扔出窗外，
　　只能一步一步地引下楼。
　　　　——马克·吐温《傻瓜威尔逊》

▲ 大学能培养一切能力，包括愚蠢。
　　　　——契诃夫

▲ 好的读者，应当把他们关起来读书！
　　给他们发薪水，让他们只做这件事：
　　读书挽救文学！
　　　　——夏尔·丹齐格《为什么读书》

▲ 在功利主义的世界里，
　　阅读为我们维系着一种超然于现实的姿态，
　　这有利于我们思考。
　　读书毫无用处。
　　正因如此，它才是一件伟大的事情。
　　我们阅读，因为它是无用的。
　　　　——夏尔·丹齐格《为什么读书》

▲ 书本不是供人阅读之物，
  而是催眠的工具，是铅印的催眠剂。
  ——夏目漱石《我是猫》

▲ 练习要辛苦一周，
  考砸了的耻辱只有一瞬间，
  熬过去就没事了。
  ——《樱桃小丸子》台词

▲ 专看文学书，也不好的。
  先前的文学青年，
  往往厌恶数学，理化，史地，生物学，
  以为这些都无足重轻，
  后来变成连常识也没有。
  ——鲁迅《致颜黎民》

▲ 人若只在本能支配下过生活，
  只在习惯里面来动弹，
  那就太可怜了。
  ——梁漱溟《吾人的自觉力》

▲ 越聪明的人，越容易有欲望，
越不知应在哪个地方搁下那个心。
心实在应该搁在当下的。
可是聪明的人，老是搁不在当下，
老往远处跑，烦躁而不宁。
——梁漱溟《欲望与志气》

▲ 书要都叫我记住，还要书干吗？
书应该记住自己。
——老舍《读书》

自
嘲

▲ 生在某一种文化中的人，
未必知道那个文化是什么，
像水中的鱼似的，
他不能跳出水外去看清楚那是什么水。
——老舍《四世同堂》

▲ 一个真认识自己的人，就没法不谦虚。
谦虚使人的心缩小，像一个小石卵，
虽然小，而极结实。
——老舍《四世同堂》

▲ 他的极简短的开场白，一共只有两句，头一句是：

"启超没有什么学问——"

眼睛向上一翻，轻轻点一下头，

"可是也有一点喽！"

——梁实秋《记梁任公先生的一次演讲》

微弱的光，勇猛者的粮食

▲ 刘文典先生讲了一年庄子，
我只记住开头一句：
"《庄子》嘿，我是不懂的喽，也没有人懂。"

    ——汪曾祺《西南联大中文系》

▲ 闻一多先生讲楚辞，
一开头总是"痛饮酒熟读《离骚》，方称名士"。

    ——汪曾祺《西南联大中文系》

▲ 今年我二十五岁。
一种荒唐继续荒唐的年龄。

    ——汪曾祺《小学校的钟声》

▲ 大部分同学是来寻找真理，寻找智慧的。
……
我寻找什么？寻找潇洒。

    ——汪曾祺《七载云烟》

▲ 大学生大都爱吃，食欲很旺，有两个钱都吃掉了。

    ——汪曾祺《七载云烟》

▲ 不料你的见识竟平庸到可以做社论。

    ——钱锺书

▲ 得学位是把论文哄过自己的先生；
教书是把讲义哄过自己的学生。
——钱锺书《围城》

引以为傲的是，穷得只有书和书

胡适在大学演讲，

引用孔子、孟子、孙中山先生的话时，

在黑板上分别写上："孔说""孟说""孙说"，

而发表自己的意见时，则写上——"胡说"。

▲ 懒病大发，瞪着眼看桌子，
却只是不愿意看书。
　　——季羡林《清华园日记》

▲ 分数差不多全出来了，真使我生气，
有几门我简直想不到我能得那样坏的分数。
这些教授，真是混蛋，随意乱来。
　　——季羡林《清华园日记》

▲ 脑袋里乱七八糟地满是作文的题目，
但是却一篇也写不出——
今天只想作一篇《自咒》。
　　——季羡林《清华园日记》

▲ 一句变成五行，除了浪费纸张以外，
有时候我实在看不出有什么特别深奥的道理。
　　——季羡林《对于新诗的一些看法》

▲ 论文终于抄完了。
东凑西凑，七抄八抄，这就算是毕业论文。
论文虽然当之有愧，毕业却真的毕业了。
　　——季羡林《清华园日记》

▲ 到星期一灵魂就像是一片白雾；
　　星期二它醒了转来，
　　发现仍旧在囚笼里，
　　便又要苦闷了。
　　　——朱生豪《致宋清如》

▲ 把别人的失误当成是自己的，
　　把自己的正确当成是别人的。
　　　——汪国真《年轻的季节》

▲ 我都认识这些题，但这些题都不认识我。
　　我一场考试好自在，钢笔动都没有动。
　　　——刘震云《塔铺》

▲ 世上只有不学的人，没有学不会的事。
　　　——刘震云《口信》

▲ 毕业的时候，
　　只想拥抱他一个人，
　　却哭着笑着拥抱了整个班。
　　　——林帝浣《等一朵花开》

自嘲

我爱失眠，胜过爱苏醒
走向黎明的时候，每一步，都疼

生命就像一场游戏，我总是被秒杀

人生

▲ 我对世界没什么恶意，
　 却总是被它深深地调戏。

▲ 世界上有那么多的人生指南，
　 我却一路向北。

▲ 没出息没关系，还有气息就已经很厉害了！

▲ 别等岁月渐老，才感叹人生潦草。

▲ 第一次听到"美女"这个词只是有点奇怪，
　 那时候还不知道这个称呼将伴随我一生。

▲ 人还是要有梦想的，即使是咸鱼，
　 也要做最咸的那条。

▲ 这辈子，唯一放不下的就是筷子。

▲ 今天想通了一个道理：
　 有些道理就是想不通的。

▲ 命运的齿轮没转起来，人生的链子快要掉光了。

▲ 我们或许会被打得落花流水，
  但至少我们战斗过。

▲ 没关系，实在不行的话我陪你去路边坐着叹气。

▲ 人类的终极目标是闲情逸致。

▲ 有种女孩，脑海里只有两件事：吃和减肥。

哦，日子恍惚，
哦，恍惚也是人生的一种

▲ 我们生而破碎，用活着来修修补补。

    ——尤金·奥尼尔《大神布朗》

▲ 我们要努力把一生好好地度过，

    等到死的时候，

    那就连殡仪馆的老板也会感到惋惜。

    ——马克·吐温《傻瓜威尔逊》

▲ 目的虽有，却无路可循；

    我们称之为路的无非是踌躇。

    ——卡夫卡《卡夫卡全集：随笔·谈话录》

自
嘲

▲ 我不要自由。

    我要的是一条出路，右边、左边，

    随便什么方向都成，我不提别的要求；

    即使这条出路只是一种欺骗，那也无妨；

    我的要求很低，欺骗因此也不会更大。

    ——卡夫卡《一份为某科学院写的报告》

▲ 我们的生活是什么？

    是栖息痛苦的幽谷。

    人世是什么？

    是麻木不仁的芸芸众生。

    ——果戈理《死魂灵》

▲ 人永远都无法知道自己该要什么，

　因为人只能活一次，

　既不能拿它跟前世相比，也不能在来世加以修正。

　……

　一切都是马上经历，仅此一次，不能准备。

　　　——米兰·昆德拉《不能承受的生命之轻》

▲ 人生，对于多数人来说，

　不是一种应该真诚去体验的幸福，

　而是在一个由各种压力、

　惩罚和必须去相信的谎言构成的狭窄空间里，

　不断去扮演一个角色的状态。

　　　——奥尔罕·帕慕克《纯真博物馆》

▲ 命运对我可太残酷啦，

　就像暴风雨对待一只小船似的。

　　　——契诃夫《樱桃园》

▲ 我们就像是从一个终点到另一个终点往返的有轨电车，

　连车上的乘客也大体上算得出来。

　生活变得太有序、太按部就班了。

　我心里感到一种无名的恐惧。

　　　——毛姆《月亮和六便士》

▲ 生命真是充满讽刺，

　它用悲伤让你了解什么叫幸福，

　用噪音教会你欣赏寂静，

　用缺失来评价存在，

　到了今天，就连谎言也不再真实。

　　——凯尔泰斯·伊姆雷

▲ 他安息了。

　尽管命运多舛，他仍偷生。

　失去了他的天使他就丧生；

　事情是自然而然地发生，

　就如同夜幕降临，白日西沉。

　　——雨果《悲惨世界》

▲ 死神在每一个角落里徘徊，

　像园丁挖掘土豆一样把人们的生命一个个地带走。

　　——毛姆《面纱》

▲ 我猜我们的人生都是一场梦——

　对自己而言感觉逼真，

　对其他任何人都毫无意义。

　　——安东尼·马拉《我们一无所有》

自
嘲

▲ 你从这扇门来到人间，
　　也从这扇门离开凡世，
　　其间虽是无意义的折腾，
　　但最起码生于此地，死于此地，
　　也算是有条有理。
　　　　——安东尼·马拉《我们一无所有》

▲ 我眼望着棺材放进墓穴，
　　里面仿佛躺着我自己干瘪的尸体、
　　我白费心机的一生。
　　　　——西蒙娜·德·波伏娃《人都是要死的》

▲ 但人生就是这样，犯错，错过，
　　再用一生来挽回。
　　　　——西塞罗

▲ 人类从历史中获得的唯一教训，
　　就是从不吸取任何教训！
　　　　——黑格尔

▲ 可惜我这一生仅仅是几次小小的癫狂，可惜。
　　　　——兰波《地狱一季》

春风吹皱我的脸，
跌宕起伏，万水千山

自
嘲

▲ 你要么从未有过灵魂，
　要么从未失去过灵魂。
　　　——露易丝·格丽克《紫罗兰》

▲ 美就像是山顶的制高点，
　当你终于攀登到那里时，
　你会发现除了转身下山之外无事可做。
　　　——毛姆《真、美、善之我见》

▲ 人生的一半是在欲语还休、
　扭头不看和沉默寡言中度过。
　　　——阿尔贝·加缪《戏剧》

▲ 人生苦短，我们却费尽思量，
　无所不用其极地丑化生命，
　让生命更为复杂。
　仅有的好时光，仅有的温暖夏日与夏夜，
　我们当尽情享受。
　　　——赫尔曼·黑塞《南方夏日》

▲ 每当我似乎感受到世界的深刻意义时，
　正是它的简单使我震惊。
　　　——阿尔贝·加缪《置身于苦难与阳光之间》

▲ 人生似乎是场摆脱不开的大混乱。

人们受自己所不知的无形的力量的驱使，到处奔波，

但他们却疏忽了这一切的目的，

好像只是为了奔波而奔波。

　　——毛姆《人生的枷锁》

▲ 如果你一直在找人生的意义，你永远不会生活，

人生没有意义，所以更值得过活下去。

　　——阿尔贝·加缪

▲ 在这世界上，

我再也没有期待，也没有了恐惧。

我在深渊里，感觉很平静。

命途多舛的可怜人啊，

却像神明一样无喜无悲。

　　——卢梭《一个孤独漫步者的遐想》

▲ 一个人思虑太多，就会失去做人的乐趣。

　　——莎士比亚《威尼斯商人》

▲ 人类之所以进步，

主要是因为下一代不听上一代的话。

　　——毛姆

▲ 人们很少做他们相信是对的事，
　 他们做比较方便的事，然后后悔。
　　　——鲍勃·迪伦

▲ 你还会想起多少次童年的那个特定的下午，
　 那个已经深深成为你生命一部分、
　 没有它你便无法想象自己人生的下午？
　 也许还有四五次。也许更少。
　 你还会看到多少次满月升起？也许二十次。
　 然而我们却总觉得这些都是无穷的。
　　　——保罗·鲍尔斯《遮蔽的天空》

▲ 人生更像是吸一支烟。
　 最初几口你觉得无比美妙，
　 完全没想过有一天它会消耗殆尽。
　 然后你开始将它视为理所当然。
　 接着你突然发现它已经快烧完了。
　 这时，你也尝到那苦涩的滋味。
　　　——保罗·鲍尔斯《遮蔽的天空》

▲ 人生类似一盒火柴，视为珍宝未免小题大做，
　 反之则不无危险。
　　　——芥川龙之介《侏儒警语》

▲　人生近乎严重缺页的书。

很难称其一部，却仅此一部。

　　——芥川龙之介《侏儒警语》

▲　我的一生充满耻辱。

对我而言，人类的生活无法猜度。

　　——太宰治《人间失格》

▲　人啊，其实不过就是一种造梦的物质。

话虽如此，那一个又一个的梦，

又是何其多种多样，何其可怜可笑啊！

　　——中岛敦《光风梦》

▲　人生无所为则太过漫长，

有所为则太过短暂；

　　——中岛敦《山月记》

▲　人生的目的是？

没有，只是完成人生而已。

　　——坂本龙一《skmt：坂本龙一是谁》

自
嘲

浮生很轻……轻不过虫家一梦

▲ 我下辈子想做一只猫。
　　每天睡上二十个小时然后等人来喂食。
　　无所事事地舔舐自己。
　　　　——查尔斯·布考斯基《关于猫》

▲ 我是寻路的人。
　　我日日走着路寻路，
　　终于还未知道这路的方向。
　　现在才知道了：
　　在悲哀中挣扎着正是自然之路，
　　这是与一切生物共同的路，不过我们意识着罢了。
　　　　——周作人《寻路的人》

▲ 生命也许就是这样，
　　多一分经验便少一分幻想，
　　以实际的愉快平衡实际的痛苦。
　　　　——老舍《离婚》

▲ 我们整天在天上计划，而整天在地下妥协。
　　我们只会叹气，做梦，苦恼，
　　活着只是给有用的人糟蹋粮食，
　　我们是活死人，死活人，活人死！
　　　　——曹禺《北京人》

▲ 人间的事，只要生机不灭，
即使重遭天灾人祸，暂被阻抑，终有抬头的日子。
　　——丰子恺《生机》

▲ 好在在这宇宙间，
我的生命只是我自己的玩品，
我已浪费得尽够了，
那么因这一番经历而使我更陷到极深的悲境里去，
似乎也不成一个重大的事件。
　　——丁玲《莎菲女士的日记》

▲ 人的一生，就是和穷挣扎的历史。
和穷挣扎一生，无论胜利或失败，都是惨。
能不和穷挣扎，
或于挣扎之余还有点闲工夫做些别的事，
那人是有福了。
　　——梁实秋《穷》

▲ 在没有人与人交接的场合，我充满了生命的欢悦。
可是我一天不能克服这种咬啮性的小烦恼，
生命是一袭华美的袍，爬满了蚤子。
　　——张爱玲《天才梦》

▲ 梁漱溟说，人一辈子就像斗鸡那样需要漫长的修炼：

第一阶段，没有什么底气还气势汹汹，

像无赖叫嚣的街头小混混；

第二阶段，紧张好胜，俨如指点江山，

激扬文字的年轻人；

第三阶段，虽然好胜的迹象看上去已经全泯，

但是眼睛里精气犹存，说明气势未消，容易冲动；

到最后，呆头呆脑，不动声色，身怀绝技，秘不示人。

——星云大师《包容的智慧 2》

▲ 如果有人用钞票扔你，跪下来，一张张拾起，

不要紧，与你温饱有关的时候，

一点点自尊不算什么。

——亦舒《喜宝》

▲ 我对自己的要求很低：

我活在世上，无非想要明白些道理，遇见些有趣的事。

倘能如我所愿，我的一生就算成功。

——王小波《沉默的大多数》

▲ 遇到小事，可以指望别人；

遇到大事，千万不能把自个儿的命运，拴到别人身上。

——刘震云《一句顶一万句》

▲ 生活的意义是什么？就是企盼。

企盼是什么？就是理想、猜想、梦想，

永远得不到的水中的肉骨头。

——刘震云《一地鸡毛》

▲ 人生是追求完整的，

而这个世界上最完整的东西莫过于一颗破碎的心了。

——铁凝《大浴女》

▲ 所谓人生，

原本便是一个怎么办接着一个怎么办的无休止的过程。

——梁晓声《人世间》

人
生

▲ 幸福就是和一个不庸俗的人，过着庸俗的生活。

——林帝浣《等一朵花开》

苏东坡的随笔中，曾记载过两个乞丐"谈志向"的故事：

一位说："我平生只好二字：饭与睡，他日得志，

仍是：吃饱了睡，睡醒了吃。"

另一位揶揄他说："我胜于你啊，

我要是发财了就吃了还吃，哪有空去睡觉！"

自
嘲

不让开花，我就结果子

一颗素心轻轻荡漾，
寂寞静静生长

情绪

▲ 当我情绪稳定的时候，其实我已经疯了。

▲ 哭是没有用的，但我又不是为了有用才哭的。

▲ 我的体重里八成都是心事。

▲ 今天想做个木头人。

▲ 嘴角向下，会迷失方向。

▲ 当快乐和难过不由我的时候，我选择躲一躲。

▲ 我不漂亮倒也干净，虽然爱笑但不快乐。

▲ 笑得太多以至于现在连我自己都不知道，
我是真快乐还是假快乐。

▲ 心情好了给世界一个赞，心情不好给自己一个赞。

▲ 多巴胺今天罢工了。

▲ 经常被自己蠢哭，但是又不舍得揍自己。

▲ 我知道有人在等着我，等着看我的笑话，
　等着吧，我还有很多笑话。

▲ 我很好相处的，处不好自己找找原因。

▲ 我能做的，止步于此。

▲ 开启飞行模式，向快乐出发。

不负韶华不欠债，
轻如白云，深似大海

▲ 如果我能拥抱一切，
那拥抱得笨拙又有什么关系？
—— 阿尔贝·加缪《生之爱》

▲ 我们试过勇气，因为没有退路。
我们试过狡猾，但失败了。
我们试过忍耐，但睡着了。
—— 亚当·扎加耶夫斯基《永恒的敌人》

▲ 请您原谅，我以我个人的事情让您分心了。
写多了，笔头失控了。
不知什么缘故，我现在干不成事情。
—— 契诃夫《契诃夫书信集》

▲ 我寂寞，我气恼，钱去得太快，
我要破产了，我要从烟囱里飞出去。
—— 契诃夫《可爱的契诃夫：契诃夫书信赏读》

▲ 人一旦迷醉于自身的软弱，
便会一味软弱下去，
会在众人的目光下倒在街头，倒在地上，
倒在比地面更低的地方。
—— 米兰·昆德拉《不能承受的生命之轻》

▲ 绝望无法医疗，
医生不检查灵魂。
——欧文·亚隆《当尼采哭泣》

▲ 当我们自己不幸的时候，
我们对别人的不幸感受更加深切；
感情的趋向不是分散，而是集中。
——陀思妥耶夫斯基《白夜》

▲ 我触及什么，什么便破碎。
——卡夫卡《卡夫卡全集：随笔·谈话录》

▲ 我的处境不是不幸，但却也不是幸运，
不是冷漠，不是虚弱，不是疲惫，更不是别的兴趣，
那么它究竟是什么呢?
我对此的莫名其妙，大概跟我的无能写作有关。
——卡夫卡《卡夫卡全集·日记》

▲ 人在悲哀之中，才像个人。
——孟德斯鸠

▲ 过去的事情唯一可爱之处就在于它已经过去。
——王尔德《道连·格雷的画像》

情绪

当我们善良时，我们却未必快乐。

  ——王尔德《莎乐美》

 我是个靠孤独过活的人，孤独之于我就像食物跟水。

一天不独处，我就会变得虚弱。

我不以孤独为荣，但以此维生。

  ——查尔斯·布考斯基《样样干》

 夜半时分，我们都会变成无措的孩子啊。

  ——加·泽文《玛格丽特小镇》

自
嘲

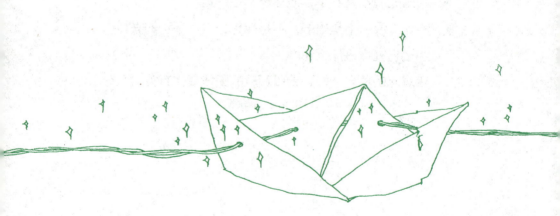

▲ 人必须像乌龟一样，
能完全蜷进自己的内心世界。
——赫尔曼·黑塞《德米安：彷徨少年时》

▲ 我时常会有那种忧伤，
觉得我最好没降生在这个世界上。
——陀思妥耶夫斯基《涅朵奇卡：一个女人的一生》

▲ 懒惰就是懒惰，
脆弱就是脆弱——
我不能给它们换个好听的名字。
——契诃夫《伊凡诺夫》

▲ 我要一只猫。
我现在就要一只猫。
要是我不能留长头发，也没有乐子，
我总可以有只猫吧。
——海明威《雨中的猫》

▲ 一点点小事就可以安慰我们，
因为一点点小事就可以刺痛我们。
——帕斯卡尔《思想录》

情绪

爱迪生在住所搞了不少实用发明。

有个朋友来看他，推门时十分费力，推了好几下才进去。

客人向爱迪生抱怨："你这门也太紧了，竟使我出了一身汗。"

"谢谢，你有力的推门已经给我屋顶上的水箱压进了几十升水。"爱迪生高兴地说。

▲ 我的胃里有午饭，脖颈上有阳光，
脑子里有爱情，灵魂里有慌乱，
心里则有一丝刺痛。
——奥尔罕·帕慕克《纯真博物馆》

▲ 我从未哭过，
因为我的泪水总会变成思想，
我的思想像泪水般苦涩。
——E.M. 齐奥朗《一切都不重要》

▲ 在我内心有一片可怕的空白，
使我难过得无动于衷。
——阿尔贝·加缪《第一个人》

▲ 我生来就有一颗阴暗的心。
我的心从未懂得自在的开朗。
——三岛由纪夫《金阁寺》

▲ 我梦想有一双不受任何遮拦的羽翼；
同时我又预感我的人生将一事无成。
——三岛由纪夫《天人五衰》

情绪

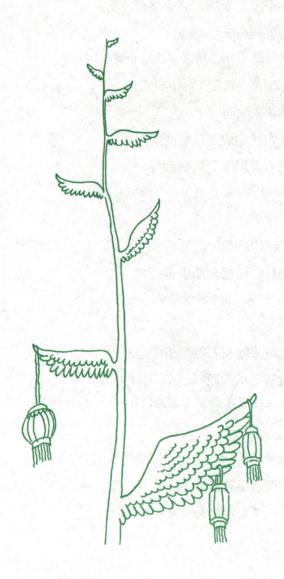

▲ 孤独越来越肥硕，简直就像一头猪。

    —— 三岛由纪夫《金阁寺》

▲ 胆小鬼连幸福都害怕，

    会因为棉花而受伤，

    也会因为幸福而受伤。

    —— 太宰治《人间失格》

▲ 不幸。

    这个世上有着各种各样不幸的人，

    不，

    甚至可以说尽是些不幸的人也不为过。

    —— 太宰治《人间失格》

▲ 我是一片即将凋落的花瓣，

    哪怕是一丝微风也会令我颤抖不已。

    我受到他人的任何轻视都会感到生不如死。

    —— 太宰治《回忆》

▲ "内心的烦恼"太多，

    不得不装出"表面快乐"。

    —— 太宰治《樱桃》

情绪

▲ 昨夜一场痛饮，
我满心欢喜，
今朝醒来，空余一片荒凉。
奇怪！一夜之隔，
心情居然如此天差地别。
　　——太宰治《人间失格》

▲ 我在无人知晓中变得异常，
又在无人知晓中恢复正常。
　　——太宰治《玩具》

自
嘲

▲ 生活安逸时会作出绝望的诗，
生活窘迫时会不断地写出生的喜悦。
　　——太宰治《叶》

▲ 我感到人这东西真是脆弱，
生下来便带有无可奈何的脆弱，不堪一击。
　　——夏目漱石《心》

▲ 世上存在着不能流泪的悲哀，
这种悲哀无法向任何人解释，
即使解释人家也不会理解。
它永远一成不变，
如无风夜晚的雪花一般静静沉积在心底。
　　——村上春树《世界尽头与冷酷仙境》

▲ 我就是我，不是别人，

这于我乃是一份重要资产。

心灵所受的伤，

便是人为这种自立性而不得不支付给世界的代价。

——村上春树《当我谈跑步时我谈些什么》

▲ 我的天空里没有太阳，总是黑夜，

但并不暗，因为有东西代替了太阳。

虽然没有太阳那么明亮，但对我来说已经足够。

——东野圭吾《白夜行》

▲ 我们都是软弱的人，所以才会说谎。

我们都是胆小的人，所以才要武装。

我们都是一群笨蛋，所以才会互相伤害。

——石田衣良《池袋西口公园》

▲ 这寂寞又一天一天的长大起来，

如大毒蛇，缠住了我的灵魂了。

——鲁迅《呐喊》

▲ 玫瑰的智慧不仅在乎它有色有香，

而也在乎它有刺！

——老舍《四世同堂》

自
嘲

这一刻人海沉浮
下一刻退隐江湖

▲ 热情而没有行动配备着，
不过是冒冒热气而已。
　　——老舍《四世同堂》

▲ 热闹是它们的，我什么也没有。
　　——朱自清《荷塘月色》

▲ 我不愿送人，亦不愿人送我，
对于自己真正舍不得离开的人，
离别的那一刹那像是开刀。
　　——梁实秋《送别》

▲ 人生的刺，就在这里，
留恋着不肯快走的，
偏是你所不留恋的东西。
　　——钱锺书《论快乐》

▲ 我看沙漠真妩媚，
沙漠看我却不是这回事。
　　——三毛《白手成家》

▲ 世上并无如同身受这件事，
"我知道你感受"，不，你不知道，
针不刺在你肉上，你不知道痛。
　　——亦舒《四部曲》

情绪

▲ 人要一赌上气，就忘记了事情的初衷；
　　只想能气着别人，忘记也耽误了自己。
　　　　——刘震云《一句顶一万句》

▲ 我年华虚度，空有一身疲倦。
　　　　——海子《祖国，或以梦为马》

▲ 人们的世界没有错，错的一定是星空，
　　那种无法跋涉的寒冷，总让深情的人错足。
　　　　——简媜《水问》

▲ 生命里所有的甜蜜和酸楚总是结伴而行，
　　疼痛总是四处追逐着欢乐，
　　片刻也不愿意分开。
　　　　——马良《坦白书》

可以打包带走的轻愁，
都是可以迈过的凉薄之秋

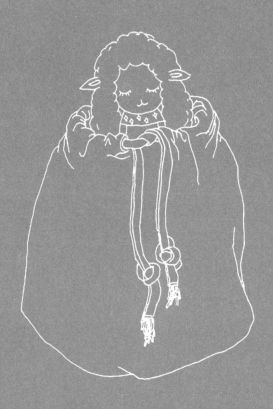

人性

▲ 苦难是生命的防沉迷系统。

▲ 当我看见花绽放时，花就在枯萎了。

▲ 回忆不过是在时间的长河里刻舟求剑。

▲ 始终放不下骄傲，却不得不向现实低头。

▲ 希望后半生，自己过得只是享享清福，
　顺带美得惊心动魄。

▲ 她说看不到未来是因为看到了未来。

▲ 人和人渐行渐远的时候，都觉得对方变了。

▲ 生活就像心电图，一帆风顺就证明你挂了。

▲ 上帝把智慧洒满人间，唯独给我撑了把伞。

▲ 失眠的人无非两种：
　一是手里拿着手机，
　二是脑子里有个剧场。

▲ 人生很多事就像智齿，
最佳的解决方式是拔掉，而不是忍受。

▲ 厌倦了这种非亿万富翁的生活。

▲ 是认清、是看淡、是无所谓、是顺其自然。

· 177 ·

▲ 每个聪明人都知道人生是美好的，
  人生的目的是获得幸福。
  但最后只有傻瓜们才会幸福。
  ——奥尔罕·帕慕克《纯真博物馆》

▲ 为了恢复青春，我会在所不惜，
  除了锻炼、早起和不失体面。
  ——王尔德《道连·格雷的画像》

▲ 什么东西我都能抵抗，除了诱惑。
  ——王尔德《温夫人的扇子》

自
嘲

▲ 一副面具告诉我们的东西比一张脸孔更多。
  ——王尔德《莎乐美》

▲ 只有一种办法赢得人心，
  那就是让自己成为人们会去爱的人。
  ——毛姆《面纱》

▲ 我们这样的人很少对什么事情满意，
  只有尽善尽美才能赢得我们的尊重。
  我们的生活充斥着痛苦、怀疑，
  以及令人窒息又作呕的事情。
  ——赫尔曼·黑塞《纽伦堡之旅》

▲ 贪财乃万恶之源，
贫困才是万恶之本。
　　——罗伯特·清崎《富爸爸穷爸爸》

▲ 摆脱诱惑的唯一办法是向诱惑投降。
　　——王尔德《道连·格雷的画像》

▲ 坏女人给我麻烦。
好女人令我厌烦。
这就是她们唯一的不同。
　　——王尔德《温夫人的扇子》

▲ 哭泣是普通女人的避难所，
但却是漂亮女人的毁灭。
　　——王尔德《温夫人的扇子》

▲ 一个心存畏惧的男人只会沦落到在地上爬。
他活该承受世间所有痛苦。
　　——安东尼·马拉《我们一无所有》

▲ 每一样大到让你爱上的东西终究令你失望，
而后背叛你、忘了你。
但是那些小到可以放进鞋盒的东西保持原样，
始终如一。
　　——安东尼·马拉《我们一无所有》

人性

▲ 人人非得具有个人风格，

人人以为自己是一片片独一无二的小雪花，

其实他们只是一滴滴毫不足奇的小水珠。

——安东尼·马拉《我们一无所有》

▲ 一个人一旦认识到自己是傻瓜，

他就不再是傻瓜了。

——陀思妥耶夫斯基《被欺凌与被侮辱的》

▲ 最善于欺骗自己的人，总是生活得最快活。

——陀思妥耶夫斯基《罪与罚》

▲ 世界就建立在荒诞上面，

没有它世上也许就会一无所有了。

——陀思妥耶夫斯基《卡拉马佐夫兄弟》

▲ 灵魂的必需品，用钱是买不到的。

——梭罗《瓦尔登湖》

▲ 你眼睛里没有了男人，你才能看到一切。

——艾丽斯·沃克《紫颜色》

俄国诗人马雅可夫斯基有一次戴一顶破帽子外出，
几个游手好闲的人嘲笑他：

"喂，你脑袋上的那个东西是什么玩意儿？是帽子吗？"
诗人反问："你帽子下面的那个东西是什么玩意儿？是
脑袋吗？"

乔治·费多是法国著名的戏剧家，

他成功地创作了许多滑稽剧，

《马克西姆家的姑娘》一剧曾轰动一时。

但在他刚开始创作时也曾受到观众的冷遇。

在一个蹩脚的首场演出的晚上，

费多混在观众当中，同他们一起喝倒彩。

"你是发疯了吧！"一个找到他的朋友拉住他说。

"这样我才听不见别人的骂声，"他解释说，

"也不会太伤心。"

自
嘲

巴顿将军为了显示他对部下生活的关心，

搞了一次参观士兵食堂的突然袭击。

在食堂里，他看见两个士兵站在一个大汤锅前。

"让我尝尝这汤。"他命令道。

"可是，将军……"

"没什么'可是'，给我勺子！"

将军拿过勺子喝了一大口，怒斥道：

"太不像话了，怎么能给战士喝这个？

这简直就是刷锅水！"

"我正想告诉您这是刷锅水，没想到您已经尝出来了！"

士兵答道。

▲ 愚蠢、自私与健康，是快乐的三要素，
  但如果少了愚蠢，另外两个也没什么用。
  ——朱利安·巴恩斯《福楼拜的鹦鹉》

▲ 只有两件事可能是没有极限的：
  宇宙，以及人类的愚蠢。
  不过前者我还不太敢确定。
  ——爱因斯坦

▲ 世上的麻烦是这样的：
  愚者过于自信而智者满腹怀疑。
  ——罗素

自
嘲

▲ 没有人富有到可以赎回自己的过去。
  ——王尔德《理想的丈夫》

▲ 一直生活在恐惧中，从不追求自己的梦想，
  这是残酷的。
  为钱拼命工作，以为钱能买来快乐，
  这也是残酷的。
  ——罗伯特·清崎《富爸爸穷爸爸》

▲ 贫穷而又独立，这几乎是不可能的。
  ——威廉·柯贝特

▲ 女人比男人更懂得孩子，
可是男人比女人更孩子气。
    ——尼采《论老老少少的小女人》

▲ 节制是最不幸的。
“适量”像一顿普通的饭菜那么糟糕，
“过度”才像一席盛宴那么尽兴。
    ——王尔德《道连·格雷的画像》

▲ 我请你们理解，一个人独自在人世间，
去创造一个新的天堂和地狱是多么艰难。
    ——切斯瓦夫·米沃什《阿德里安·吉林斯基之歌》

▲ 我们所有的痛苦就在于，
我们既是凶手，又是受害人——
我们是同一种人。
    ——阿列克谢耶维奇《二手时间》

▲ 那些真正塑造我们的东西，
通常没有被写进我们的履历。
    ——埃莱娜·费兰特《文字中的生活》

人性

德国诗人歌德在公园里散步，

与一位批评家在一条仅能通过一个人的小路上相遇。

自
嘲

批评家说："我从来不给蠢货让路。"

歌德笑着退到路边，说："我恰恰相反。"

▲ 不要指着月亮起誓，它是变化无常的。

　　——莎士比亚《罗密欧与朱丽叶》

▲ 人类的秉性，

除去自私心特别活跃时以外，

爱总是比恨来得容易。

　　——霍桑《红字》

▲ 自由和山巅的空气相似，

两者都是弱者所无法负担的。

　　——芥川龙之介《侏儒的话》

人性

· 187 ·

▲ 我伪装早熟，人们就传说我早熟。

我伪装懒惰，人们就传说我懒汉。

我伪装写不出小说，人们就传说我不懂创作。

我伪装说谎，人们就传说我是骗子。

我伪装有钱，人们就传说我是富翁。

我伪装冷淡，人们就传说我是冷漠的人。

然而当我真的痛苦不堪发出呻吟时，

人们却说我假装痛苦。

——太宰治《斜阳》

自
嘲

▲ 所谓人类，是一种自讨苦吃的动物。

——夏目漱石《我是猫》

▲ 做了人类想成仙；

生在地上要上天。

——鲁迅《现在的屠杀者》

▲ 曾经阔气的要复古，

正在阔气的要保持现状，

未曾阔气的要革新。

大抵如是。大抵！

——鲁迅《小杂感》

▲ 小的时候，不把他当人，
　大了以后，也做不了人。
　　　——鲁迅《随感录二十五》

▲ 卑怯的人，即使有万丈的愤火，
　除弱草以外，又能烧掉甚么呢？
　　　——鲁迅《杂忆》

▲ 勇者愤怒，抽刃向更强者；
　怯者愤怒，却抽刃向更弱者。
　　　——鲁迅《杂感》

▲ 信仰与梦，恋爱与死，
　也都是上好的麻醉。
　　　——周作人《麻醉礼赞》

▲ 人与人间的生活，简言之，
　主要只是一种情感的生活。
　人类要向人类自身找同情，
　只有情感的人生，始是真切的人生。
　喜怒哀乐爱恶欲，最真切的发现，
　只在人与人之间。
　其最真切的运用，亦在人与人之间。
　　　——钱穆《湖上闲思录》

我有大把的星星，
永远用不完

▲ 愚人之所以为愚人，
就是因为他以为自己很有思想。
——老舍《四世同堂》

▲ 人一灰心便只看到别人的错处，
而不看自己的消沉堕落。
——老舍《四世同堂》

▲ 人若是兽，钱就是兽的胆子。
——老舍《月牙儿》

▲ 乱世的热闹来自迷信，
愚人的安慰只有自欺。
——老舍《骆驼祥子》

▲ 最明亮时总是最迷茫，
最繁华时也是最悲凉。
——林语堂《京华烟云》

▲ 傻子从自己思想里找一切，
聪明人从别人的思想里找一切。
——沈从文《余烬》

人
性

▲ 一个人记得事情太多真不幸，
知道事情太多也不幸，
体会到太多事情也不幸。
　　——沈从文《边城》

▲ 人在内心上很少不幸灾乐祸的。
有人明白地表示了出来，
有人把它藏在心里，秘而不宣，
有人很快地消除这种心理，
进而表示出悲天悯人慷慨大方的态度。
　　——梁实秋《幸灾乐祸》

自
嘲

▲ 若要一天不得安，请客；
若要一年不得安，盖房；
若要一辈子不得安，娶姨太太。
　　——梁实秋《请客》

▲ 矛盾是智慧的代价。
这是人生对于人生观开的玩笑。
　　——钱锺书《论快乐》

▲ 时间即是金钱，
所以女人多花时间在镜子前面，
就得多花钱在时装店里。
　　——张爱玲《谈女人》

▲ 女人往往忘记这一点：
她们全部的教育无非是教她们意志坚强，
抵抗外界的诱惑——
但是她们耗费毕生的精力去挑拨外界的诱惑。

  ——张爱玲《谈女人》

▲ 父母大都不懂得子女，
而子女往往看穿了父母的为人。

  ——张爱玲《造人》

▲ 新式女人的自由她也要，
旧式女人的权利她也要。
这原是一般新女性的悲剧，
可是苏青我们不能说她是自取其咎。

  ——张爱玲《我看苏青》

▲ 金钱是深刻无比的东西，
它背后的故事，多于爱情。

  ——三毛《亲爱的三毛》

▲ 自己的金钱，当当心心叫作血汗钱。
他人的金钱，怎么看都像是多出来的横财。

  ——三毛《亲爱的三毛》

人性

▲ 想成材的人，往往喜欢赶时髦；
　赶时髦的人，往往并不能成材。
　　　——汪国真《成材》

▲ 他们以为艺术全是天才的表现，
　于是天才成为懒人的借口。
　　　——朱光潜《谈美》

▲ 过日子的秉性是，
　过不好，受耻笑，
　过好了，遭嫉妒。
　　　——贾平凹《说花钱》

自嘲

▲ 博大的深刻不避肤浅。
　走出深刻，这也是一种智慧。
　　　——周国平《平常心》